即使被討厭
阿德勒的「勇氣」心理學
ALFRED ADLER
也要自由地
活下去

アドラー心理学入門：
よりよい人間関係のために

岸見一郎

進入心理諮商的領域後，常會碰到很多人帶著困惑的口吻問我：「要如何才能擁有對生命的熱情？」「要如何感受到幸福？」事實上，這是全世界共同的困惑。我們的物質生活遠比上一代富裕，少子化讓孩子們享有大量的寵愛，大多數父母都揚棄「權威管教」、崇尚「愛的教育」，既然如此，何以還有這麼多人「快樂不起來？」甚至於「睡不著覺？」如果想知道答案，不妨透過本書，重新探索自己的早年回憶，調整出一個最適合自己的生命目標，自然能享受愉悅的 lifestyle。

——專業諮商心理師　林萃芬

我是阿德勒學派心理學的愛好者，曾受業於 Henry Stein 學習古典阿德勒學派心理治療，而 Henry 即是本書提及的 Lydia Sicher 的弟子。為何我對這個學派情有獨鍾？讀者讀完本書，應也會跟我一樣愛上它，若能在生活中實踐阿德勒的幾句名言，便可遇見心所嚮往的幸福。讓我非常受用的概念有：人的去處比來處重要；生活必須務實（play the game of reality）；人生際遇必須如意與不如意照單全收；人可以有不同的選擇。阿德勒學派在心理治療、兒童輔導、親職教育、教師效能上的貢獻，在在聞名於世，而其在台灣也和日本一樣，對讀者而言比較陌生，本書的翻譯引進，非常具有意義與價值。

——國立台北教育大學心理與諮商系教授　曾端真

讀者佳評

- 本書充滿著許多即使不假裝，也能擁有良好人際關係、同時發揮自我的真實故事，並且教導我們如何尊重他人。如果你覺得現在的自己「活得很辛苦」，本書就是你最需要的。
- 阿德勒教我們抽絲剝繭，將自己與他人的「課題」一一分離，進而解開人生的謎團。這是一本「幫助我活下去」的人生指南，也顛覆了我過去對人際關係的觀念。
- 在岸見老師的著作中，這本書最容易閱讀、對我也最有幫助。它帶給我的省思是：如果與他人意見不同，也不要沉默不語，而是要努力向對方說明，就算被討厭也沒關係，因為那才是真正的自己。
- 這是一本絕佳入門書，不執著於理論，也避開了生僻的詞彙，非常適合父母或教育者閱讀。阿德勒心理學能為現今的親子關係指引一個充滿生命力的方向。

專家推薦

（按姓氏筆劃序）

于美人 知名節目主持人

王怡仁 醫師、身心靈作家

王浩威 華人心理治療研究發展基金會執行長

李偉文 牙醫師、作家、環保志工

周偉航 輔大哲學博士、熱門專欄部落格「人渣文本」作者

林萃芬 專業諮商心理師

黑幼龍 卡內基訓練 大中華區負責人

曾端真 國立台北教育大學心理與諮商系教授

楊瑞珠 諮商哲學博士、阿德勒心理學 Diplomate（代言人）

本書作者由阿德勒的觀點，點出了親子教養與人際關係中最慣性的迷思，那就是人們往往從上下的縱向角度，懲罰、責罵或稱讚對方，因此造成關係的緊繃。若想破解這樣的慣性，就必須轉化成彼此鼓勵的橫向關係，而在學習互相尊重之前，還要先學會接納自己與肯定自己。在閱讀本書的過程中，我跟隨作者引介的阿德勒心理學觀點，一步一步地拿回自己生命的力量。這真的是一本讓人增長自信，更能引領人們自在而樂觀地揮灑生命創造力的好書。祈願更多讀者經由這本書，都成為最喜歡的自己，也是最幸福的自己！

——醫師、身心靈作家　王怡仁

談到「勇氣」，多數人會直覺那是種外向的力量。但阿德勒的「勇氣」，卻指向自己，企圖在外人看不到、自身也從未察覺的內在部分，進行全面的改造。與其說他開出了什麼藥方、或是提供什麼具體建議，不如說他是整理了哲學家們的相關看法，提出一種簡便的切入角度，希望你能打破問的糾結，一次「砍掉重練」。他所要的「勇氣」，正是這種把自己砍掉重練的勇氣。常人總是習於觀看過去，考量他人的眼光，追求極致的卓越，但阿德勒要你著眼未來，思考自己擁有什麼，並承認自己是個普通人。本書堪稱是阿德勒思想的入門手冊，可讓讀者快速進入阿德勒的思維模式中。但在閱讀之餘，別忘了，最重要的，還是真的有勇氣嘗試去改變自己。

——輔大哲學博士、熱門專欄部落格「人渣文本」作者　周偉航

前言

「如何找到幸福？」
——阿德勒心理學可以給你明確的答案

岸見一郎

平易近人，卻少為人知的心理學大師

在日本，提到心理學大師，大家最耳熟能詳的就是佛洛伊德及榮格，而與他們同屬一個時代的奧地利大師阿爾弗雷德・阿德勒（Alfred Adler），卻不太為人所知。

阿德勒（一八七〇～一九三七年）曾於一九〇二年加入佛洛伊德的維也納精神分析協會，並成為核心成員之一，後因學說上的不合而退出。其後，他創建了「個體心理學」（Individual Psychology, Individualpsychologie），主張與佛洛伊德

學說相對立的整體論（holism）、目的論（finalism）等。之所以稱為「個體心理學」，是因阿德勒認為，人是不可分割的一個實體（in-dividu-um），應該全面、而非片面地將人視為一個整體。不過，由於這個名稱很難傳達阿德勒的理念，因此現今都以他的名字做為代表，稱呼他的學說為「阿德勒心理學」。

阿德勒一直對社會主義抱持關心，希望藉由政治改革達到社會改革的目的。但是，自從親眼目睹政治醜惡的現實面之後，他認為只有透過親子教養及教育，個人——不，全人類才有可能得到救贖。因此，他在維也納成立了兒童輔導中心，開始致力於兒童輔導的臨床活動。第一次世界大戰結束後，身為戰敗國的奧地利百業荒廢，兒童及青少年犯罪成為嚴重的社會問題，也因為這樣的歷史環境，讓親子教養及教育變成阿德勒心理學的主要核心。

阿德勒認為，在面對孩子的時候，應該要給予他們完全的信任，而不是用力量去壓制他們，這也能從他和孩子之間的相處方式看出來。

而後，阿德勒為了躲避納粹對猶太人的迫害，不得不將活動據點移到美國，從此開始四處奔波，一天進行數次演講，努力推廣自己的理念，更寫下多本極為暢銷的鉅作。

阿德勒的理念十分平易近人、也容易理解，他刻意不使用艱澀的專有名詞，只用最淺顯的語言，讓所有人都能了解，據說也因此讓許多專家對他非常反感。舉例來說，某次演講結束，有人便走到阿德勒面前，指責他今天說的內容全是廢話，他原本希望能聽到高瞻遠矚、目標宏大的演說，沒想到卻只聽到老生常談，因此十分失望。

你我的生活中，到處可見「阿德勒學說」

時至今日，即使我們沒聽過阿德勒的名字，也一定聽過他的理念。前有卡內基《溝通與人際關係》，近則有史蒂芬．柯維《與成功有約》及理察．

卡爾森《別為小事抓狂》等作品，都可以看出阿德勒對現代心理學的影響。雖說如此，它們畢竟不是正統的阿德勒學說，卡內基至少還有提到阿德勒對他的影響，但後面兩位作者，我懷疑他們甚至根本不知道阿德勒是誰。阿德勒就像誰都能挖掘的寶山，只要願意，誰都能入寶山並滿載而歸。

這並不是最近才開始的現象，阿德勒的時代早在很久以前就已經到來了。對於很多人明明深受他的理念影響，卻對他的名字一無所知，阿德勒抱著寬容的態度，甚至可說是完全不在乎。一個人格如此偉大的大師，遲早會受到全世界的注目，同時流芳百世。

其實，在書中有一些事我並未直接言明。像是有些人借用了阿德勒的理念，卻未對這位大師致敬；還有就是拿阿德勒心理學做標榜，所談的內容卻南轅北轍，說得直接一點，就是那些想利用阿德勒學說控制孩子的人。某些人則標榜自己的理論是出於阿德勒，立基點卻完全站在與阿德勒學說相對的因果論之上。若是學術上的爭議，就不容許有模糊空間，必須論辯到底，但本書的讀者畢竟是一般大眾，因此我只能盡量保持中立，避免涉入爭議。

無論如何，即使阿德勒的名字不為人所知，他的理念卻不知不覺成了「常識」，在人與人之間互相傳遞，從這個角度來說，阿德勒心理學已成為不容小覷的存在。此外，雖然阿德勒的學說十分淺顯易懂，但並不代表所有人都認同，多數人都反應阿德勒的學說「聽起來容易，做起來卻難」。

此外，阿德勒心理學對於文化的自明性一直是站在批判的立場，因此我必須提醒，阿德勒心理學很多時候是「忠言逆耳」，也不是每個人都認同它，並對它抱持善意。只要讀完本書，相信大家就會了解我的意思。

不談純粹心理學，而是直接探討人際關係

我是在兒子兩歲左右時開始接觸阿德勒心理學，之後女兒出生，在與孩子們相處的過程中，我學習到非常多。如今孩子們已經長大，回首過去，我

忍不住為自己當時認識了阿德勒這位大師感到慶幸，因為他大大改變了我與他們的相處方式。

不過，阿德勒心理學並不是由始至終都在討論親子教育及社會教育。我曾在書中提過，自己在大學念的是哲學，雖然哲學有很多研究方向，但我後來選擇了「如何找到幸福」這個頗具實踐性的題目，來作為研究的主題。但是，直到我年過三十、結婚生子，對這個問題都沒有找到明確的答案，於是我開始學習阿德勒心理學，而它為我這個追尋已久的謎題提供了一個明快的解答，也可以說是一個方向。

其中一個論點，就是阿德勒不談純粹的心理學，而是直接討論人際關係。另外一個、也是當初阿德勒心理學讓我印象最深的論點，就是他不認同因果論，反而提出了目的論。雖然在我主修的古代哲學中，柏拉圖及亞里斯多德早已對目的論提出論證，但我對阿德勒將此理論與教育和臨床融合後的應用要更感興趣。

阿德勒心理學與其他心理學最大的不同，就是他並不認為疾病治癒了或沒有異常，就代表「正常」。他經常針對什麼是正常、什麼是健康以及什麼是幸福，進行反覆的討論及辯證。他認為，無論我們目前處在何種處境，都要明白什麼才是正常或健康的生命，然後努力學習及做出修正，讓自己可以走向正確的道路。阿德勒心理學為正常及健康的生命制定了極為明確的藍圖，並提出非常具體的方法幫助我們達成目標，這一點讓我深感震撼。從此以後，我在研究哲學的同時，也展開了對阿德勒心理學的追尋。

阿德勒將使你發現，世界竟是如此簡單

本書主要是根據阿德勒學說的觀點，提出阿德勒對於「如何找到幸福」這個曠古難題所做的回應，並希望能給予那些在黑暗中迷茫摸索的人們一份活下去的勇氣。當中雖然有以親子關係為主題的部分，但大家若能從整體人

際關係的角度來理解，就算是我的榮幸。

曾與阿德勒在維也納共事的精神病學大師莉迪亞．吉哈（Lydia Sicher），於某個星期六閱讀了阿德勒的著作《神經質性格》，當時剛好星期一也放假。

「雖然天氣酷熱難耐，但我很慶幸自己是一個人獨處。我將阿德勒的書從頭到尾看了三遍。星期二的早晨，我激動地從椅子上站起身，發現世界變得完全不同了……阿德勒讓我發現，原來世界竟令人難以置信地簡單。」

希望本書能讓讀者窺探到阿德勒心理學的一角，並成為愛上阿德勒這位大師的契機。

contents

第二章
勇氣，是人類獲得幸福的根基——阿德勒心理學的親子教養與教育

contents

第四章 只有自己能夠決定自己——阿德勒心理學的基礎源起

contents

第五章
人生，就是對自己負責——阿德勒心理學的人生行動指標

Alfred Adler

Alfred Adler

第一章

屬於所有人的心理學家

——阿德勒其人其事

比起同行專家，阿德勒更常與普通人對話，
因此他不喜歡使用專業術語，
每次都盡力讓講課或演說內容顯得通俗易懂。
有一次，紐約的醫師協會想採用他的理論做為精神科的治療法，
但條件是只能教導醫師，不能教導其他人。
阿德勒聽到之後一口回絕，他告訴對方：
「我的心理學並不是『屬於專家的理論』，而是屬於所有人的。」

了解他的生平

出身奧地利猶太糧商家庭

阿德勒出生於一八七〇年的奧地利維也納近郊，在六位兄弟姊妹中排行第二，他的父親是一名猶太糧商，因此家境算是富裕。他的雙親皆出身布根蘭邦[1]的基特塞（Kittsee），那是一個權利較受保障的區域，此地的猶太人大多是往來布拉提斯拉瓦[2]猶太街和維也納的貿易商。做為兩邊經濟的橋樑角色，他們從未受到迫害，相較於其他同胞，幾乎不曾有過身為「少數民族受害者」的認知。

從阿德勒本身及他的學說中，也看不見猶太人的色彩，他更在其後（一九〇四年）從猶太教改信新教。不過，阿德勒這次的改宗並非基於什麼虔誠的信仰，只是證明他對自己身為猶太人這件事並未有太深的感情。

阿德勒與父親情感深厚，但與母親的關係似乎不太好。在某一本關於他的傳記中，曾記述他說過自己的母親是個冷漠的人，只疼她的第一個孩子；還提到他有個弟弟在幼時過世，母親竟在弟弟葬禮才結束沒多久就能笑出來，簡直不可原諒。

別的傳記則提到，阿德勒的母親在他兩歲之前似乎十分疼愛他，但弟弟出生後，母親就將所有注意力都移到弟弟身上而冷落他，他接受不了這樣的落差，於是轉向父親尋求安慰。不過阿德勒日後似乎又修正了對母親的看法，他理解到母親確實對自己的孩子都同等愛護，只是小時候並非如此罷了。

後來他與佛洛伊德在學說上漸行漸遠、進而對立，其中一個分歧點就是對於伊底帕斯情結（戀母情結，Oedipus Complex）的認知。因為阿德勒與自己的母親並不親密，因此他並不認為「所有男孩潛意識裡都會受到母親吸引」是普遍的定論。

在兄弟姐妹的關係上，阿德勒與年長他兩歲的大哥西格蒙感情不佳。由

1 布根蘭邦（Burgenland），奧地利最東面、最年輕、也最平坦的邦，與匈牙利、斯洛維尼亞及斯洛伐克都有相接，以出產紅酒聞名。

2 布拉提斯拉瓦（Bratislava），斯洛伐克共和國的首都和最大城市，緊鄰奧地利和匈牙利兩國邊境，是世界上唯一一個與兩個國家接壤的首都。

於阿德勒幼時曾罹患佝僂症，一旦動作稍微激烈就會骨折，但西格蒙卻健壯好動，讓阿德勒在哥哥面前總感到自慚形穢，彷彿活在優秀大哥的陰影之下。

雖然阿德勒小時候體弱多病，卻很喜歡和朋友在戶外玩耍，因為他性格活潑又體貼，因此人緣非常好，他的佝僂症後來也完全痊癒。

歷經病痛死別而立志從醫

阿德勒的弟弟魯道夫在一歲時因罹患白喉過世。他的父母在弟弟患病時，完全沒有考慮到阿德勒也可能被傳染，不但讓他和弟弟睡同一個房間，甚至沒有找醫生來診治，只是自行採用民俗療法。某天早上，阿德勒醒來就發現弟弟魯道夫在他身邊已經全身冰涼。

弟弟的死亡、幼時的佝僂症，再加上他五歲時曾染上嚴重肺炎差點死去，使他萌生了想當醫生的志願。

因為這些歷程，阿德勒年紀輕輕便對死亡產生了興趣。五歲的某一天，他被問到長大後想做什麼時，他回答自己想當醫生。當時世人對醫生的觀感並不好，那個詢問他的人，是他某個玩伴的父親、也是一名製造街燈的工匠，便馬上對他說：「那你一定很快就會被吊死在最近的街燈下。」

但是，阿德勒並沒有被這番話嚇倒，他認為那些批評是針對惡劣的醫生，而他相信自己絕對能成為倍受愛戴的好醫生。因此，即使他在音樂方面也有傑出的才能，他仍然堅持著要當醫生的夢想。

阿德勒十歲時進入文理中學[3]就讀，但他的成績並不好，特別是數學成績十分糟糕，以致於老師認為他並不具備從事高等工作的能力，於是向他的父母建議盡早讓阿德勒轉而學做鞋匠。在這樣的刺激下，好強的阿德勒開始努力學習，成績也突飛猛進。一八八八年，他考上了維也納大學，更在一八九五年取得維也納大學醫學學位。大學時代的阿德勒，對於當時過於強調實驗及診斷正確性、卻忽視對病人本身關心的冗長課業感到無趣，時常跑

3 德國的中學學制通常分為：文理高中（Gymnasium）、實科中學（Realschule）、職業預校（Hauptschule）三個等級，入學標準則是以在校的成績表現來評估。

到附近的咖啡館與朋友聊天打發時間。

當時的醫生並不需要必修精神科的相關課目，因此阿德勒並未受過正統精神科醫師的訓練。佛洛伊德曾在阿德勒就讀維也納大學期間開了一堂「歇斯底里症」的相關課程，但阿德勒並沒有去旁聽。而後，阿德勒成為了一名眼科醫師，又轉為內科，直到一九〇一年，他才開始將全部的重心都轉移到精神醫學。

忙碌中仍對子女全心奉獻

阿德勒很早就對研究「健康・疾病與社會因素相互關係」的社會醫學深感興趣，他的第一本著作就是與公眾衛生相關的《西服裁縫師健康手冊》（一八九八年）。或許是他在開設眼科時替貧窮病人診治的所見所聞，啟發了他對這個領域的好奇。

大學畢業後兩年，他結識了在維也納大學留學的俄國才女萊莎・艾普斯汀（Raissa Epstein）。他們相識於一場社會主義的讀書會，而後兩人就結婚共組家庭。由於萊莎曾與蘇聯共產黨領袖托洛斯基[4]十分親近，因此始終堅持社會主義的立場，但阿德勒卻對社會的變革不甚關注，反而對親子教養與教育等「個人的變革」更感興趣，所以萊莎經常批評阿德勒活在過於天真的世界。

婚後，阿德勒開設診所繼續行醫，每天都忙得無法休息。他早出晚歸，努力診治病人並進修，晚上則和朋友在咖啡館暢談，幾乎不在家裡。另一方面，萊莎則忙於育兒及家事。在當時的維也納，女性婚後在家相夫教子是理所當然的事，但萊莎身為高知識女性，同樣渴望參與知性的談話，因此對阿德勒只顧自己的行為非常不滿。

後來，萊莎在阿德勒創設的學會裡擔任秘書，偶爾也參與議論，但兩人後來生下了瓦倫婷（Valentine）、亞歷珊德拉（Alexandra）、克特（Kurt）及科妮莉亞（Cornelia）共三女一男，養兒育女的重擔逼得她不得不放棄學會的活動。

4 里昂・托洛斯基（Leon Trotsky, 1879~1940），蘇聯共產黨中央委員會成員和第四國際領袖，也是紅軍的創建者和首位領導人，為馬克思主義革命分子、政治理論家和作家等。

不過，即使阿德勒如此忙碌，卻從未放下身為父親的責任，他對孩子幾乎是完全奉獻。他的女兒亞歷珊德拉就曾經回顧，她記得父親允許他們和客人一起參與在家中的討論會，也讓他們自行決定就寢的時間——只要他們第二天早晨能準時上學。亞歷珊德拉後來也成為阿德勒學派的心理學家。

與佛洛伊德從共事互敬到觀點對立

阿德勒後來讀了佛洛伊德所寫的《夢的解析》，開始對精神醫學產生興趣，當主流報紙《維也納自由新聞》於一九〇二年批判該書時，他還特地投書為佛洛伊德的觀點辯護。佛洛伊德因此寫了明信片向阿德勒致謝，並邀請他參加自己創辦的週三討論會。

這段兩人結識的著名軼事，是出自傳記作家的筆下，但後來卻有報告指出，當時《維也納自由新聞》並未刊載文章批評《夢的解析》，也沒有阿德勒投書的記錄，因此阿德勒與佛洛伊德到底是如何相識的，至今仍無定論。

此時，阿德勒已經開始研究生理缺陷對人類心理的影響，後來還在一九〇七年發表了《器官缺陷及其生理補償》這篇論文，獲得極大迴響。在此之前，佛洛伊德即力邀他加入討論會，希望他可以提供自己的觀點，而阿德勒也同意了。

這個討論會後來成為著名的「維也納精神分析協會」，而阿德勒在佛洛伊德推薦下，於一九一〇年成為維也納精神分析協會的第一任主席，並負責該協會會刊的編務。然而，僅僅一年之後，也就是一九一一年，兩人的觀點便逐漸出現對立。阿德勒與佛洛伊德雖然彼此尊敬，但從未建立親密的個人關係；再加上兩人年齡雖然相差了十四歲，但佛洛伊德若做為阿德勒的父執輩角色還是太過年輕，因此無法像他與榮格那樣建立起亦師亦父的關係。

此外，阿德勒與佛洛伊德在醫學的研究態度上也有極大的不同。阿德勒是為了學習臨床治療才選擇讀醫，並不是為了鑽研醫學，而且他很喜歡親自診療病人。佛洛伊德則對阿德勒關心的社會主義完全沒有興趣，更別說阿德勒後來還改信新教，這對以身為猶太人為傲的佛洛伊德來說，自然不是一件愉快的事。

佛洛伊德所創立的維也納精神分析協會，到後來已經失去共同研究、交流學問的初衷，不但會員之間陷入派系鬥爭，該學會於一九一〇年擴展為國際精神分析協會後，佛洛伊德最鍾愛的弟子榮格被選為會長，這項人事任命更是受到創始會員的激烈反對。不過阿德勒並沒有參與這些鬥爭，反而是想盡辦法在當中斡旋調解。

不過，在這裡必須強調的是，阿德勒和佛洛伊德最終會分道揚鑣的根本原因，並不是這些外在的紛爭，而是他們在學說上的對立。阿德勒將造成兒童生活困難的身體缺陷稱為「器官自卑」，並研究其對性格所導致的影響，但他後來放棄了生物學而轉向研究心理學，於是慢慢將理論的重點從「客觀的自卑感」轉向了「主觀的自卑感」。

阿德勒認為，造成精神疾病的根源應該是自卑感而不是性驅力（Libido），這完全偏離了佛洛伊德的主張，讓佛洛伊德無法容忍。即使後來阿德勒本人也對此論點做出了修正，但他和佛洛伊德的理念仍然有著完全無法相容的部分，最後他只能退出維也納精神分析協會。

阿德勒退會時，與他一起退出的會員有多少至今仍眾說紛紜，但以當時學會人數僅有三十多人來看，這一年有阿德勒及九名跟隨者退會，緊接著榮格也在一九一三年離開，對佛洛伊德來說應該是不小的打擊。而阿德勒和佛洛伊德自此之後再也不曾見面。

創立「個體心理學」，重視人格的整體觀

阿德勒雖然是精神分析協會的核心成員，但和一般人以為的不同，他並不是佛洛伊德的弟子。這個誤解一直廣為流傳，連阿德勒將活動據點移至美

國後都還經常發生，據說阿德勒還曾因而被激怒。他並沒有接受過每個佛洛伊德派分析師都必須經歷的「培訓分析」（training analysis）[5]，自始至終，阿德勒都是一位和佛洛伊德地位同等的研究者，而不是他的弟子。

阿德勒與佛洛伊德分道揚鑣後，於一九一二年另組了「自由精神分析協會」。鑑於「精神分析」一詞已為佛洛伊德所用，翌年他又將其更名為「個體心理學協會」。

阿德勒將自己創立的心理學體系稱為「個體心理學」，因為他認為人是無法分割的整體，部分的總合也不等於全體，所以他重視人格的整體觀、重視個體的社會及人際關係，認為脫離了人的脈絡即無法充分了解人。因此，他並不認同將人分為精神與身體、理性與感性、意識與無意識這樣的二元論，關於這部分的觀點，在第四章會有更詳細的說明。

一九一四年第一次世界大戰爆發，當時四十四歲的阿德勒雖然逃過徵兵，卻被要求以軍醫身分參戰，被編入陸軍醫院的神經精神科。在這裡，他必須審查每一個住院病患，鑑定他們出院後是否具備上戰場的資格。據阿德勒自己事後回述，這個工作讓他痛苦萬分，幾度徹夜難眠。

致力於兒童輔導與親子教育

大戰結束後，阿德勒再次重燃對社會主義的關心，但當他親眼見到俄國共產革命的慘烈現實，從此對馬克思主義失望透頂，也斷絕了以政治革命拯救人類的期待，將自己的重心完全移轉至親子教養及教育。戰後的維也納百廢待舉、民生凋敝，兒童及青少年犯罪成為嚴重的社會問題，阿德勒任職維也納市政府，在公立學校設立了眾多兒童輔導中心。這些輔導中心不僅是治療孩童及其親人的地方，更是訓練教師、諮商師及醫生等專業人員的場地，阿德勒本身就曾在此公開對病人進行諮商與治療。

阿德勒公開諮商及治療過程的行為，並非沒有遭到批判。無論孩童或其

5 即將成為精神科醫師之人選所經歷的一種心理分析，為心理分析師培訓過程中的一環。

親屬，都對站在眾人面前感到恐慌，也害怕自己身上發生的問題無法被眾人所理解。

當然，並不是所有諮商及治療過程都會被公開，若是需要隱私的場合、或諮商內容可能難以獲得共鳴的案例，就會受到嚴格保密。通常會被公開的案例，大多屬於教育或親子教養方向的諮商，這可以讓其他人在旁聽的過程中找到自己問題的共通性，進而尋獲解決的方向。

阿德勒曾對此做過說明，他認為這樣的開放式諮商（open counseling），對於接受諮商的孩童們也有好處。當孩童們在輔導中心對著大眾接受諮商時，心裡會產生強烈的感受，彷彿自己是被他人所理解及關心的，自己是屬於更大的一個整體（《兒童的人格教育》）。

透過這樣的臨床諮商，阿德勒對教師的功能愈發期待，他認為教師必須接受專業訓練，幫助兒童消除家庭及親人帶來的有害影響。

此後，阿德勒心理學開始從維也納快速被推廣至全歐洲，但後來又由於政治因素及其他問題，讓這項學說在歐洲的發展遭到了阻礙。

由於畏懼納粹對猶太人的迫害，阿德勒自一九二六年至一九二七年冬天開始定期前往美國旅行，並逐漸將活動重心移往美國。一九二八年，他受邀至哥倫比亞大學擔任客座教授，一九三二年則成為長島醫學院的教授，開設了美國醫學心理學的第一個講座。每年除了五月到十月會回到維也納，其餘時間他都在美國活動，直到一九三五年終於全家都移居美國。

痛失愛女後病發驟逝

然而，阿德勒一家的幸福日子並不長久，他的女兒瓦倫婷因為捲入政治陰謀而生死不明，這讓一向面對困難從不放棄的阿德勒，在晚年遭受了重大的打擊。他心痛的程度難以言喻，甚至曾經從演講地寫信給另一個女兒亞歷珊德拉，說他因為思念瓦倫婷，已經好幾夜輾轉難眠、無法吃睡，快要撐不下去了……

一九三七年五月二十八日，阿德勒在前往蘇格蘭亞伯丁（Aberdeen）演講的途中，因心臟病發過世，時間就在亞歷珊德拉收到那封信之後沒幾日。他在住宿的飯店吃完早餐後外出散步，就這樣倒在路上，在救護車趕往醫院的途中嚥下最後一口氣，享年六十七歲。

德瑞克斯負起推廣重任

阿德勒本人並未被送至納粹集中營，卻有許多阿德勒學派的學者都難逃此劫。就這個角度來看，阿德勒學說曾經差點就被奧許維茲集中營所滅絕。

阿德勒心理學在二戰之後的發展，則要歸功於魯道夫．德瑞克斯（Rudolf Dreikurs）。他是一位兒童心理學家，曾經受過阿德勒的教導、也深深被他影響。阿德勒逝世後，他擔負起領導個體心理學的重任，以美國芝加哥為中心開始推廣阿德勒心理學，對於這項學說的普及有極大貢獻。

如今，阿德勒心理學不止在美國，更在世界各地受到推崇。日本則是在一九八二年，有一位精神科醫師野田俊作前往芝加哥的阿德勒研究所攻讀阿德勒心理學，並於一九八四年回國後設立阿德勒心理學協會，進行阿德勒心理學的研究與啟發，直至今日。

了解他的人格

「我的心理學是屬於所有人的。」

一九一二年，阿德勒向維也納大學申請編外講師[6]的資格，但不知為何，這項申請經過了長時間的審查，最後在一九一五年被駁回。從此，阿德勒的活動基礎脫離了大學，轉而進入一般人的集會。阿德勒之所以對社會主義產生關心、希望社會出現改革，也是受到這件事情所影響。

此外，阿德勒雖然在維也納開業看診，卻沒有收取高額診金，甚至還有病人沒有付看診費。他雖然頗負盛名，卻從不曾高高在上、妄自尊大，他操著維也納口音、深愛著維也納，一到午休時間就會來到維也納的咖啡館，在眾人面前發表演講。

阿德勒很喜歡演講或講課結束後被提問的人群包圍的感覺，並經常帶著少數的熱心學生或友人們，轉戰家中或餐廳繼續之前的議論。據說，他總是在一天的工作結束後前往喜愛的咖啡館，一直待到一、兩點，不到深夜絕不回家。即使如此，他第二天早上最晚也會在七點起床，完全不見疲態。

比起同行專家，阿德勒更常與普通人對話，因此他不喜歡使用專業術語，每次都盡力讓講課或演說內容顯得通俗易懂。有一次，紐約的醫師協會希望採用阿德勒的理論做為精神科的治療法，但條件是只能教導醫師，不能教導其他人。阿德勒聽到之後一口回絕，他告訴對方：「我的心理學並不是『屬於專家的理論』，而是屬於所有人的。」

移居美國後，阿德勒將活動據點設定於紐約，一有空他就經常會去電影院。他很喜歡觀察電影中的人生百態，這對他來說也是一種放鬆。不管在哪個城市，每天工作結束後他都會去咖啡館喝喝咖啡、或去電影院看看電影。他也不在乎電影的名氣，幾乎什麼片子都看。

阿德勒的獨生子克特就曾經說過，自己的父親和那種端坐在扶手椅上的

6 編外講師（privatdozent），係指日耳曼語國家中已完成博士學位，並且通過教授資格論文審查，得以應聘為特定教席的學術工作者，亦即具備教授資格而尚未取得教授職位者。

知識人完全相反。有時他會像哲學家一樣努力闡述自己的觀念，但即使是那種時候，他也從不曾以高知識分子自居，而是將自己視為普通人，努力用最簡單的話語來說明並不簡單的哲學、心理學或社會學的思想。

熱愛演說講課甚於著述寫作

眾所周知，阿德勒喜歡使用淺顯的語言進行演講，但書本中所呈現的阿德勒，卻是完全不同的面貌。

阿德勒非常喜歡講課及演說，卻對自己的著作毫不在意。他把重心幾乎都放在治療、討論會的講課及會議上，對於可以流傳後世的印刷品著作卻始終淡然處之。

從以下幾點，就能看出他有多不重視自己的著作：其一，明明在口頭述說時，他的理論既生動又容易理解，一旦化為文字，就變得難懂又錯誤百出；

其二，如果是演講，他會加重語氣與聲調、或利用手勢及微笑來做為輔助，但寫成文字時，就完全見不到這樣的用心；還有明明聽課時很容易理解的內容，一轉為文字就完全讓人看不懂……這樣的例子簡直多不勝數。

阿德勒其實知道這些問題，但就像前面提過的，阿德勒認為自己的理論是一種「基本常識」，不需要特別用文字記錄下來，因此才會出現這種情形。

話雖如此，光是阿德勒本身所留下的論文數量就很龐大，再加上他親自執筆的著作雖然不多，卻有許多經由他人編著而成的書籍。這些書大多是以他的講義及速記報告為雛型，經由編輯重新改編，再讓阿德勒看過之後成書出版。

有些則是將阿德勒演講時的講義或稿子加以整合，之後編著成書，在這種書當中就經常會發現重複的內容。不只如此，在翻譯阿德勒的著作時，最辛苦的地方就是內容經常前後不一，明明書中寫「如前所述」，但前面根本沒有提到他所說的那個部分。

雖然阿德勒的著作只能以這樣不完美的狀態存留下來，讓人感到有點遺憾，但他的老友，奧地利心理學家卡爾・福特米勒（Carl Furtmüller）曾經說過，阿德勒的書之所以會那麼匆促地在編輯不完全的情況下出版，並不是因為阿德勒有所怠慢、或是不重視讀者，很可能是因為當時他只能用這樣的形式出書，不然就完全出不了書了。

他更加上一段話：「真心想研究阿德勒心理學的人，都會想辦法克服萬難，盡力理解阿德勒想表達的理念。只是想批判的人，就算書編得再完美，他們也都能找出缺點。」

阿德勒的人性觀已跨越語言的障礙

前面曾提到，阿德勒最後將活動據點移至美國，剛開始時，請他到美國演講的邀約寥寥可數，到後來他則必須忙碌地四處奔波，一天發表數場演講。

不過，既是在美國，自然得用英語演說，阿德勒的英文最初並不怎麼流利，到後來雖然還留著很重的維也納口音，但也可以暢所欲言了。

只是聽過阿德勒用德語演講的人曾經表示，他用德語演講的內容深度遠超過英語演講，由此看來，英語演講對阿德勒來說或許仍是一件辛苦的事。

比起流暢的德語，阿德勒的英語雖然不至於難以理解，卻仍必須專心聆聽。也因為如此，讓不習慣這種狀況或對阿德勒抱持反感的人，找到了排斥他的藉口。

但是，阿德勒對人性本質的理解，仍遠遠超越了語言的障礙。

Alfred Adler

第二章

勇氣，是人類獲得幸福的根基

——阿德勒心理學的親子教養與教育

為了讓孩子能夠獨立、並且與社會和諧生活，
就要培養出能支持他正確行動的信念，在他的心中留下「勇氣」。
面對孩子，不該用懲罰壓制、也不該以稱讚給予評價，
而是靠耐心與鼓勵勸說，才是做為大人的胸襟與溫柔。
教導孩子學習課題分離，讓他們靠自己去面對問題，
不做不必要的介入，他們才會相信自己的能力，
而保有甘於平凡、解決困難的勇氣，建立起真正的自信。

親子教養與教育的目標

行動和心理上，都要達成明確的目標

阿德勒視教育為人類最終的救贖，親子教養與教育也因此成了阿德勒心理學的中心思想。接下來就要開始說明阿德勒在這方面的想法。

阿德勒心理學的最大特徵，就是對於什麼是幸福、什麼是健康，甚至於要怎麼活下去，都有非常明確的想法。如果希望孩子獲得適切的教育，就必須時時思考自己養育孩子的方式最終會讓他們變成什麼樣的大人，不然可能永遠都只會被眼前的事弄得手忙腳亂。

許久以前，父母及老師都是用「權威」逼迫孩子乖乖順從，孩子也將這種方式視為理所當然，但也只有在那個時代，這種既不一貫又不合理的教育方式才能通用。不過，阿德勒在七十年前就已經這麼寫了——

「逼迫孩子將手放在膝上、靜靜坐著動都不能動的學校，早就不應該存在了。」（《個體心理學的實踐與理論》〔*The Practice and Theory of Individual Psychology*〕）。

這是一種錯誤的教育方式，從前那種「老師擁有無上權威，孩子只需順從」的做法，時至今日還能被認同嗎？

我曾看到某個中學老師接受電視採訪時，自信滿滿地說：「現在的國中生，如果不能揍到他們聽話，就只能用哄的了。」想到如今的教育現況，這種說法真會讓人懷疑是不是走錯時代了。現在的孩子認為自己和父母、老師是對等的，在這樣的狀況下，舊有的親子關係及教育方式已經無法通用。

對此，阿德勒心理學提出了明確的目標，而且為了幫助孩子，在達成目標之前絕不放棄。

首先是行動上的目標：

一、自立

二、能與社會和諧生活

再來是協助行動的心理目標：

一、我是有能力的

二、人人都是我的夥伴

生活型態是——「我們對自己及世界的定義」

阿德勒心理學認為，「信念帶來行動」，為了讓孩子將來能夠獨立，並且與社會和諧生活，就必須培養出能支持他正確行動的信念。

這裡的「信念」是指：我們對自己及世界的定義，也可以稱為「生活型態」（Life Style）。這個信念通常在人生早期的時候形成，阿德勒認為大約是四、五歲左右（《兒童的人格教育》〔*The Education of Children*〕、《個體心理學的實踐與理論》等），現代的阿德勒心理學則認為是十歲前後。不過，由於生活型態並不是永遠不變的，因此只是大約定在這個時期。

孩子的生活型態是在各自的體驗中成形，因此父母及老師在與孩子相處時，必須時時檢驗自己的行為是否能幫助孩子形成正確的信念，這麼一來，孩子自然就會知道自己什麼事能做、什麼事不能做。

孩子在確定自己的生活型態之前，通常會去做各種嘗試並遭遇失敗，但也因此學習到在這樣的狀況下自己能做些什麼，在不斷的嘗試中形成對自己及世界的信念。

不是不能改變，是人自己決定不要改變

只是，當生活形態固定下來，即使後來發現這個生活形態會造成自己的不便，人們也很難做出改變。因為你已經太熟悉這個生活型態，即使它會造成不便，但至少可以預測之後會發生什麼事，因此寧願不做改變。

換個角度來說，是人自己不斷地決定不要改變，因此只要消除這種想法，

生活型態就可能改變。

這裡刻意不使用「性格」，而是用「生活型態」，就是要排除「性格」一詞中所隱含的「難以改變」之意。人類的性格並不是那麼難以改變的，因為它只是一種形式、或者說是一種型態。既然如此，即使換成用其他角度去定義，應該也沒有想像中那麼困難。

阿德勒認為，每個人的生活型態都是自己選擇的，這部分會在後面（第四章）詳細說明，但大家可以先了解，**我們的生活型態並不是由外在的因素所決定，而是自己選擇的**。

當然，這並不是說我們毫無理由就選擇了自己的生活型態，生活型態的形成會受到各種因素的影響，阿德勒將這些因素稱為生活型態的「素材」，人則會依照這些素材來決定自己的生活型態[1]。

所以，即使父母按照前面所說，在與孩子相處時將「培養正確信念」做為教育目標，孩子也可能不接受那樣的信念，換言之，他不一定會形成那樣的生活型態。即使如此，父母及老師仍舊要提供給孩子適當的幫助，他們才會更容易形成正確的生活型態。

我是有能力的，人人都是我的夥伴

前面提到，生活型態是「我們對自己及世界的定義」，這是來自阿德勒心理學的基本概念，也就是——「沒有人擁有完全相同的經歷」，因為人不是活在客觀的世界裡。這部分的解釋也會在後面（第四章）仔細說明。

在此要對「我是有能力的」這個心理目標做一下補充解釋，它的意思是指：我們可以靠自己的能力解決自己的人生問題。阿德勒認為，只有認識到自己擁有這樣的能力，才有辦法建立起自信心（《個體心理學的實踐與理論》）。

再提到親子關係中的另一個心理目標，也就是「人人都是我的夥伴」之中的「夥伴」（fellowmen, Mitmenschen）[2]。就阿德勒心理學而言，這是一個很

1　阿德勒的這種立場被稱為溫和派決定論（soft determinism）。

2　夥伴（fellowmen, Mitmenschen）的德文原文，與「鄰人」（Nächster, Nebenmenschen）幾乎是同義，阿德勒也曾同時通用兩者。而與「夥伴」這個詞相對的，就是只關心自己、毫無同理心的自私者（利己主義者 Egoist、敵人 Gegenmenschen）。相對於夥伴會與他人產生連結（mit, with），敵心則完全不與他人建立聯繫（gegen, against）。

重要的關鍵字。阿德勒不厭其煩地持續告訴我們，在人的成長過程中，與「夥伴」相遇是一件很重要的事。

對孩子來說，他們人生中的第一個「夥伴」就是母親。但阿德勒認為，身為母親者必須努力將自己與孩子的關係擴展至身邊所有人，不能只滿足於孩子與自己獨自建立的關係。

阿德勒心理學還有一個特色，就是認為即使孩子與母親的關係不好，這件事也不會造成致命的影響，只要之後與父親親近——但如果跟父親也不好，就與朋友們建立融洽的關係即可。

這或許與阿德勒本身和母親的關係不睦，卻與父親感情良好有關。阿德勒經常提到的「被寵壞的孩子」，他們的特質之一就是無法跨越與母親的關係；而他也指出，佛洛伊德所主張的「伊底帕斯情結」（戀母情結）並不是普遍的定論，而是只見於被寵壞的孩子身上。

人際關係的觀點

從人際關係中，才能觀察出個人行為的意義

阿德勒認為，「人類的煩惱，全都是人際關係的煩惱。」（《個體心理學的實踐與理論》）

人不是一個人獨活，而是活在「人群之中」；我們不是一個人存活於世，而是必須活在他人之間。如果引用阿德勒的話，就是：「人只有置身在社會（人際關係）的脈絡中，才能稱為個人。」（《個體心理學的實踐與理論》）

為了理解發生在某個人身上的事，就必須要觀察那個人對周遭採取什麼樣的態度。我們的所有舉動都不是面對無人的虛空，而是有一個針對的「對象」，並且想從對方那裡引出某種回應。也就是說，我們不應該將人視為孤立的個體，而是該從人際關係中，觀察他的行為所代表的意義。

我兒子四歲的時候，曾經在幼稚園裡發生不聽老師說話的問題，只要老師一說話，他就會把臉轉向牆壁。

「每次我說話，他就一付坐不住的樣子，不斷地動來動去，也缺乏集中力……」

老師提出了這個問題，希望家長可以協助處理。

接著，上小學二年級時，他突然開始不做家庭作業，回到家連書包都不打開。班導師來做家庭訪問時提到了這件事，導師似乎很想知道我兒子在家裡的情況，也希望家長能輔導孩子做作業，並且確認他把作業完成，但是我拒絕了。

我們要怎麼理解孩子不聽老師說話、還有不做作業的事呢？無論是哪件事，都要從孩子行為的「對象」是誰來思考。

我詢問兒子的幼稚園老師，她對我兒子不聽她說話的感覺是什麼。

「老師當時是什麼感覺呢？」

「很不耐煩。」

所以，我們就知道孩子從老師這個對象那兒引出了「不耐煩」的回應。

「那您之後怎麼做呢？」

「我罵了他，問他『到底有沒有在聽老師說話？』聽話的孩子們都會乖乖坐到我前面，但有幾個孩子（包括我兒子）卻坐到教室的邊邊，十分刻意。如果只是偶爾這樣就算了，他卻（一直）如此，都已經來幼稚園這麼久了，只能說他缺乏集中力，我身為老師不能不管。」

至於兒子的二年級導師為了他不寫作業來做家庭訪問時，我則問了導師之前我去參加教學觀摩發現的一件事。當時黑板上寫著「〇月×日 □□（兒子的名字）算數」，下面還有「〇月△日 □□國語」，從上到下幾乎都是兒子的名字，中間只摻雜著少數其他孩子的名字。

「之前去參加教學觀摩時，我看到黑板上寫了很多我兒子的名字，那是為什麼呢……」

「啊，那是為了提醒我不要忘記才寫的。因為有太多人忘了寫作業，到最後我也弄不清楚誰忘了寫什麼作業，所以才寫在黑板上……」

仔細想想，如果老師的目的真是如她所說，其實她不必特別寫在黑板上，只要記在自己的筆記本裡就好，但她卻偏偏選擇寫在黑板上——這又代表什麼呢？

這代表我兒子靠著讓老師將他的名字寫在黑板上，成功地獲得了老師被他弄得焦躁難安的回應，以及同學雖然也忘了寫作業，卻沒有人像他這麼大膽，讓他儼然被當成英雄看待的回應。

老師認為是孩子缺乏集中力及懶惰才造成這些行為，其實並非如此。孩子的行為必須從他們與對象——也就是與老師——之間的互動來思考。

決定行為的「目的論」

目的論——「去處」比「來處」更重要

父母或老師在面對前述那些不適當的行為時，多是用責罵或處罰的方式來制止，但大部分時候都只能暫時勸阻孩子的行為，很快他又會重蹈覆轍。

孩子之所以不停止這樣的行為，是因為他想要引起父母及老師的注意；既然他的行為目的是引起注意，如果父母及老師用處罰這樣表達注意的方式去制止他，只會讓他繼續不適當的行為。認為引起注意就是孩子做出這些行為的「目的」——這樣的見解就是「目的論」。

阿德勒曾經說過，即使是心理學家也很難回答「為什麼」這個問題（《兒童的人格教育》），因為這樣簡單的詢問，很難讓人理解「為什麼」到底有哪些含義。即使問孩子「（為什麼）要做那種事」，也不會得到令人滿意的回答。因此，我們不能一廂情願地認為，只要詢問孩子「為什麼不聽老師說話」或「為什麼總是不寫作業」，孩子就會給我們答案。

因此，當阿德勒對這樣的行為做出詢問時，他想知道的不是行為的「原因」，而是「目的」。他認為，在背後推動人類活下去的並不是「原因」，而是人類自己設定、並主動追求的「目標」。換句話說，就是不問「來處」，只問「去處」。

與目的論相對的就是「因果論」，這也是一般大眾較常聽到的理論。例如兒子不聽老師說話的「原因」，是妹妹出生導致他有了不安全感；或是缺乏父母的關愛，會造成孩子不去學校——這就是「因果論」的運作方式。

以情緒來說明目的論與因果論的不同，就像我們常會說「一時火大所以打了孩子」，但事實上並非如此。

從阿德勒心理學的角度來看，「情緒是因，行為是果」這樣的想法是不對的。**我們是為了達到某種目的而利用情緒，並不是被情緒推動、受它支配。**

在大多數的情況下，情緒的出現是為了讓對方聽我們的話，照我們的願望行動——我們認為憤怒會讓對方聽話，便創造出憤怒來達到目的；而悲傷則是為了引起對方的同情所創造出來的。就像這樣，情緒並不是藏在我們自己的心中，而是存在於我們與對方之間。

因果論認為憤怒導致我們怒吼，目的論則認為我們為了怒吼才創造出憤怒；因果論認為不安導致我們不敢外出，目的論則認為我們為了不外出才創造出不安。總之，我們首先都會有一個目標或目的，為了實現它才採取行動或創造情緒。關於目的論與因果論，我們會在第四章做進一步的說明。

行為目的——引起他人注意

接著，我們來看看阿德勒在兒童諮詢中心處理過的一個案例。一位母親帶她的女兒來諮商，因為她的女兒不知道為什麼，就是不肯吞下嘴巴裡的食物，只是把食物從一邊的臉頰移到另一邊臉頰。每個同桌的家人都問過她「為什麼不吞下食物」，或對她說「不吞下去就不能吃下一口」。

阿德勒和母親面談過後，孩子就被帶了進來。

「聽妳媽媽說，妳總是把食物含在嘴巴裡不吞下去，對嗎？大家好像都很傷腦筋……

妳知道有一個更棒、更能引起大家注意的方法嗎？就是把妳嘴巴裡的東西吐到桌子上，這樣大家就會更傷腦筋，更會談論妳的事情了哦！」

小女孩一聽到就笑了。

阿德勒會提出這個建議的意圖很明顯。同樣的一番話要是換成別人來說，或許達不到這樣的效果，但是在這裡，很顯然小女孩的行為對象是給予她關注的母親，而她行為的目的就是為了引起注意。

行為目的——挑起權力鬥爭

在前面的例子中，那位母親雖然會在孩子不肯吞下東西時感到煩惱，但也許並沒有真正生氣，因為孩子會很巧妙地在父母或老師真正生氣前就退讓了。然而，一旦事情發展到引發出真正的怒氣，就會演變成權力鬥爭，用阿德勒的話來說，「鬥爭」就變成了行為目的。

有的孩子會穿著鞋爬上桌，將桌子踩得髒兮兮；有的孩子會在母親想靜下心讀本書時，故意把電燈關掉又打開；有的孩子會在父母想要有自己的時間時，拚命大吼大叫；有的孩子會因為得不到自己想要的東西，就發瘋似地大吵大鬧……這些孩子讓父母必須整天都繞著他們轉，被弄得精疲力盡。

阿德勒認為，這些孩子是在挑起權力鬥爭，他們只是想引起注意，不成為所有人的關注焦點就不肯罷休（《學校的個體心理學》〔*Individualpsychologie in der schule*〕、《個體心理學的實踐與理論》）。

曾經有位少年因為在上課時對老師丟擲板擦，而來接受阿德勒的諮詢，這個個案的報告者（阿德勒在聽完個案報告後，才會和少年本人見面）說：「校長為了警告他，好幾次讓他早退，（即使如此）他卻還是不肯停止。」但是，現在大家應該可以了解，不是「即使」罰他早退也無法阻止他，而是「因為」不斷叫他早退，才讓他不肯停止拿板擦丟老師的行為。

這個少年當時十歲，阿德勒很快便注意到他的身形要比一般十歲的孩子矮小許多。

「你今年幾歲？」

「十歲。」

「十歲？以十歲來說，你好像太矮了？」

少年立刻生氣地瞪著阿德勒。

「你看看我，以四十歲來說，我也很矮吧？」

阿德勒身形矮小一直是眾所皆知的事，接著他又小心地選擇措詞，繼續兩人的談話。

「因為『我們』（這裡可以注意到阿德勒不是用『你』）很矮小，所以必須做點大事來證明自己，你是因為這樣才向老師丟板擦的，對嗎？」

少年低垂著眼，肩膀也垮下來了。

「來，你再看看我，我在做什麼？」

阿德勒做出張牙舞爪的模樣，然後恢復正常，接著又再做一次。

「你知道我在做什麼，對嗎？」

少年抬起頭，透過與阿德勒的問答，他已經明白了自己行為的目的[3]。

「他在想辦法讓自己看起來比原本更高大。他必須讓自己比原本更高大，而且要向大家及自己證明這一點。所以他必須反抗權威，才會向老師丟擲板擦。」

阿德勒在別處對這個少年的行動下了註解。

喜歡抗爭、具有攻擊性的孩子，總是可以在他們身上看到自卑情結以及

3　「丟擲板擦是為了證明自己很高大」這段話是阿德勒的推測。阿德勒向少年說出自己的推測，如果少年同意了，他就能藉由這個分析來揣摩少年的行為；如果少年否認了，也能知道自己的推測有誤。關於這部分的說明，會在第四章再做詳細解釋。

急於克服自卑的欲望，「他們虛張聲勢、張牙舞爪，好像用這樣簡單粗暴的方法，就能獲得成功及優越感。」（《個體心理學的實踐與理論》）

關心未來的目的，不要在意過去的原因

一旦明白孩子的行為目的是讓大人焦躁、生氣並進而引起注意，就很容易知道如何應對處理。但如果大人開始追究行為的「原因」，又會怎麼樣呢？

就像前面所提過我兒子發生的問題，老師認為我兒子之所以在幼稚園把頭轉向牆壁不聽她說話的「原因」，是妹妹出生導致他精神不安定，所以判定我兒子沒有受到父母足夠的關愛。

確實，阿德勒也說過對長子而言，弟、妹的誕生是一種威脅，在那之前他一直受到父母的關注，之後卻必須經歷從寶座上被拉下來的變化過程。我們經常聽說「缺愛是導致問題行為的原因」，甚至還有理論指出母親（不是

父親）若不時時給兒子擁抱，兒子就不能得到足夠的愛，將來會出現抗拒上學的問題。

但是，以現今的情況來看，現代的父母與其說是愛不夠，倒不如說是愛過頭；現代的孩子明明已經受到足夠的關愛，卻仍然需要更多愛，甚至父母的愛不全部放在自己身上就無法忍受。從這個角度來看，或許他們確實是渴愛的吧。這樣的孩子如果還時時抱著不放，除了讓他們更加被寵壞，不會有其他結果。

其實，問題不在於孩子是不是被父母所愛，這部分之後會再說明，這裡要告訴大家的是，「只有愛是不夠的」。

一般來說，沒有父母不愛自己的小孩，但是光有愛，並不能瞬間讓親子之間的關係變好。良好的溝通不是出自愛，而是有良好溝通的地方才有愛；愛也不等同於良好的關係，而是良好的關係所帶來的結果。

溝通其實是一種技術，我們雖然無法學會愛，卻能學習技術。

不斷在過去或外在尋找原因，到最後其實什麼也無法改變。即使對一個問題孩童的父母說，他的孩子之所以這樣，是因為小時候得到的關愛不夠、或他們教育孩子的方法不對——就算這些都是真的，那又怎麼樣呢？我們也不可能搭著時光機回到過去。從外在或家庭環境去尋找原因，像是孩子在學習上出現困難便怪罪學校體制或教育政策，事實上根本無法改變任何事情。

但如果從行為目的去看，就能明確知道該採取什麼樣的適當處理方法，這是目的論的一大優勢——因為「目的」並不在過去，而是在未來。阿德勒要我們關心未來，不要把眼光放在過去（《個體心理學的實踐與理論》）。我們不能改變過去，卻能改變未來，目的就在我們自己的心中，即使外在或過去完全無法改變，也無法阻礙我們向目的前進。

如何因應孩子的不當行為

不懲罰，讓孩子相信自己的能力

如果關注了孩子想引起我們注意的行為，他就不會停止那個行為。那麼，我們該怎麼做呢？

阿德勒反對懲罰或責罵孩子，而且他完全不相信讓孩子丟臉、沒面子可以改善或影響孩子的行為，他認為懲罰或說教對孩子完全沒有幫助（《個體心理學的實踐與理論》）。

懲罰或責罵帶來的結果，從前面的例子已經看得很清楚。孩子的問題行為受到了關注，即使被責罵、被懲罰，至少代表父母或老師並沒有拋棄自己，所以他會繼續自己的問題行為。

有一個報導小學生躲避球全國大賽從預賽到決賽過程的電視特別節目，

當中有一段是某隊的菁英選手腳受傷了，仍然堅持要參加練習。但是當他來到練習場時，教練竟然對他說：「你來幹什麼?你是誰啊？」

記者聽到後非常吃驚。

「教練，為什麼你要說那種話呢？」

教練回答：「我也不想那麼做，但不那樣說他就沒辦法振作。」

但是，最後在這項躲避球大賽獲得優勝的隊伍，他們的教練完全不曾對學生施行嚴格的訓練，去採訪他們的記者還大吃一驚，因為教練根本就不在進行練習的體育館裡。記者找遍了學校才找到教練，他當時正在種菜。記者驚訝地問他，教練不管他們卻在這裡種菜，這樣沒關係嗎？

「沒關係，就算我們不在，孩子們自己也會認真練習的。」

很多人都覺得只有處罰或責罵才能激起孩子們的鬥志，但是阿德勒說，如果不在孩子們心中留下勇氣，他們的勇氣就會變得破碎。如果只是懲罰、責罵及批判孩子，只會讓彼此的關係變得更糟糕、雙方的距離更遠，這樣在最需要的時候，就無法要求對方改善自己的行為了。

況且，懲罰的效果只是一時的，一旦懲罰者不在，孩子就會再次做出問題行為；或是即使不再做問題行為，也不會積極地去做適當的行為。

對照前面提過的親子教養與教育目標，懲罰真能培育出正確的信念嗎？懲罰會讓孩子覺得自己沒有能力、在學校及家庭中沒有棲身之所，更嚴重一點還會覺得全世界都沒有自己的容身之處，沒有人是他的夥伴，人人都是自己的敵人。

但是，一個屬於自己的容身之處，卻是人類生命中最重要的基本需求。

當孩子自認無能，會以報復做為誇耀

最糟糕的是，當孩子為了證明自己與大人哪一方是正確的，進而挑起權力鬥爭時，如果大人贏了，孩子就不會再當面反抗，而是在私下做出偏激的行為當成對大人的報復。面對這樣的情況，大人已經不只是憤怒，而是會感到痛心。

一旦情況惡化下去，孩子會乾脆做出讓人放棄他的行為，讓大人一想到孩子就滿心絕望。

當事態還處於權力鬥爭階段時，當事者之間還有自行解決問題的可能；一旦事態惡化到下一個階段，要是沒有毫無利害關係的第三者介入，問題基本上就很難解決了。

無視問題行為，轉而關注適當的行為

如果問題行為的目的是為了引起注意，那麼所有給予關注的動作，不管是什麼形式都會延續問題行為的存在，所以只能完全無視。有時候即使只是看一眼，都會被視為一種關注。

但如果只是無視，除了不能改變現狀，有時還會讓事態惡化。因為即使之前一直被責罵，至少還算獲得了某種關注，現在卻連這種關注都沒有了。

因此，在無視孩子問題行為的同時，也要開始關注他的適當行為，這麼一來，他的問題行為終究會慢慢減少。既然適當行為獲得了關注，他就沒有必要再用問題行為去引起注意了。

不稱讚，別讓孩子依賴父母的肯定

然而，這裡所謂的「關注適當行為」，並不是指「稱讚」。許多人以為不懲罰、不責罵，要關注適當的行為，就是要大力稱讚，但事實並非如此。

舉例來說，孩子將晚餐準備好了，全家人一起享用時，每個人吃一口就讚賞一句：「真好吃！你看，你也做得到啊！好厲害，你做得真是太好了！」在這種情況下，任何一個擁有正常語言感覺的人，都不會感到愉快吧？

但是，所謂的「稱讚」就是如此。它是有能者對無能者的評價，是由上而下給予對方的判斷及評估，因此被當成下位者接受評價的人都會感覺很不愉快。關於稱讚背後所存在的人際關係問題，會在之後詳述（第三章）。

此外，關於信念的形成，或許孩子確實會把稱讚他的人當成自己的夥伴，但是被稱讚的孩子真的會認為自己有能力嗎？在被稱讚的期間，孩子或許會認為父母是自己的夥伴，但他也會害怕，一旦沒有造就父母期望的理想結果，父母馬上就會拋棄自己。因此只要一失敗，他就會認為自己是沒有能力的。

遭到挫敗的勇氣

「追求卓越」和「自卑感」，是人類共有的心理現象

我們在前面看到阿德勒曾說過，孩子們「虛張聲勢、張牙舞爪，好像用這樣簡單粗暴的方法，就能獲得成功及優越感」。他們做出問題行為，並不是因為缺乏關愛，而是他們的勇氣遭到挫敗了。

阿德勒心理學將這種勇氣稱之為「甘於平凡的勇氣」。因為缺乏甘於平凡的勇氣，所以剛開始總是想要變得特別優秀；一旦不成功，就只能變得特別糟糕——他們認為只有這樣，才能最快獲得「成功及優越感」。

原本需要努力與忍耐才能獲得的東西，卻不願付出努力，只想靠著不聽老師說話或丟板擦這樣的行為獲得他人的關注——實際上，他們也成功了。

阿德勒認為追求卓越[4]是人類普遍的欲求，目的是希望擺脫無能力的狀態

4 「追求卓越」的原文是 striving for superiority.

（這也包括生物學上的意義，孩子認為自己屬於弱勢，與大人相比是較差的）。

與追求卓越相對的是自卑感，阿德勒認為這也是每個人都有的心理現象，兩者都不屬於病態，並且對努力與成長來說是健康正常的刺激（《個體心理學的實踐與理論》）。

阿德勒這樣的觀點並非沒有矛盾，無論人是在主觀認知上產生自卑感而想要追求卓越，或是由於客觀條件導致自卑感而驅動人類進步，似乎都會牽扯到因果論。但阿德勒認為，人類其實是從一開始就有追求卓越的需求，才會出現自卑感來促使自己進步。

「優越情結」和「自卑情結」，則是病態的產物

問題是，雖然阿德勒認為追求卓越是人類普遍的需求，但希望自己比別人優秀，卻不一定是人性的本質，也可能是病態的。阿德勒將這種「必須比

別人更優秀」的虛偽優越感稱之為「優越情結」，與之相對的是自卑情結，優越情結是為了掩蓋自卑情結所產生的。

我想起了一個小故事，那是我去參加阿德勒的第三代弟子，也就是阿德勒的弟子德瑞克斯所教的學生奧斯卡・克里斯坦森（Oscar C. Christensen）演講時所發生的事。那也是我與阿德勒心理學的初次接觸。我是在前一天被邀請到現場擔任口譯，所以才參與了那天的演講。沒想到，到了演講當天，我卻完全沒有上場的機會，只能尷尬地坐在位子上。

克里斯坦森在演講中說了下面這個故事——

他在跟隨德瑞克斯教授學習時，教授要他們寫一份關於阿德勒心理學與其他心理學的比較研究報告。他就這個題目寫了二十多頁，報告交出去後，德瑞克斯教授把克里斯坦森叫了過去。

「（為什麼）你寫了這麼多頁的報告呢？」（原來只需要寫兩頁而已）

「因為我很喜歡比較研究的題目。」

「不，我想不是，你只是希望讓我印象深刻吧！你現在這樣就很好了（you are good enough now），所以你不必這麼做。」

在此之前，克里斯坦森一直都希望自己能與眾不同，經歷這件事之後，他就不再那麼拚命，而學會像么兒那樣懂得依靠別人生活了。

在克里斯坦森說這個故事之前，我正好問了他一個問題，而且是用英文問的（因為自己的口譯沒派上用場，我心想至少要幫點忙）。其實當時並不需要特意用英文提問，如果用克里斯坦森的話來說，我就是藉此想加深現場觀眾對我的印象。因此，我馬上就明白克里斯坦森剛才的小故事是特別說給我聽的。當然，他說不定並沒有這個意思，但至少我是這麼認為。

你現在就很好了，不需要「變得特別」

阿德勒認為，正常的普通人沒有優越情結、也沒有優越感（《個體心理學的實踐與理論》）。因此，如果一個人覺得自己必須比別人優秀，他不是打從心底覺得自己很糟，就是雖然不到那種程度，卻覺得自己不能甘於平凡。

我年輕時有一個朋友，沒有按照父母的期望去念高中，他從國中開始就十分叛逆，不但染頭髮，還剃了眉毛。某一天他突然這麼說：「如果我不是那麼叛逆，可能根本沒辦法跟父母說話。」

當一個人無法甘於平凡，就只能讓自己變得特別——不是變得特別好，就是變得特別差。

我從小成績就很好，雖然在其他方面沒有什麼自信，讀書卻絕對不輸人——當然，當我開始這麼想，讀書的動機就變得不單純了。讀書本來應該是享受學習的樂趣，但因為我有這樣的想法，就會害怕失敗，使得讀書對我來說大多是痛苦的回憶。就像克里斯坦森所說的，我拚命努力讀書，只是為了向老師及同學證明我是優秀的。

阿德勒曾經提過一個案例，那個少年的行為偏差到父親要把他送到寄宿學校（《學校的個體心理學》），沒想到後來少年生病了，在床上躺了整整一年。在那之前，他一直認為父母及周遭的人完全不重視他、對他漠不關心，直到這一年親眼見到大家對他時時刻刻所給予的照顧與愛護，他才知道自己錯了，自己其實是被愛的。於是，等他出院回到學校，便完全變了一個人，成為人見人愛的好孩子。

我那個在國中時十分叛逆的朋友，畢業後成了造園師，原本早上總是爬不起來的人，後來卻天天早起、風雨無阻地努力工作。

有一天，雇主家的男主人看到他在工作，便問道：

「你幾歲了？」

「十六歲。」

「……唔嗯，你的表情看起來真不錯。」

聽到這句話之後，他終於明白，自己不再需要「變得特別」了。

如何讓孩子重獲勇氣

用鼓勵取代稱讚，只要共享喜悅、表達感謝

所以，大人們必須要思考，當孩子的勇氣受挫了，要怎麼給予鼓勵，才能讓他們重獲勇氣。想必大家已經知道處罰、責罵或稱讚只會讓孩子覺得自己沒有能力，甚至（責罵）還可能讓他覺得世上沒有人是他的夥伴。

困難並不是無法克服的障礙，只是需要面對及征服的課題，或許它確實需要忍耐及腳踏實地的努力，但只要讓孩子相信自己擁有達成課題的能力，他們就能重新獲得勇氣。那麼，要怎麼做才能讓孩子產生這樣的自信呢？

該怎麼做、或者該怎麼說，才能讓他們重新獲得勇氣，依個人或狀況而有所不同，我們也不可能找到一個「鼓勵」的公式，但原則大概如下——

不稱讚他們的行為，也就是不做任何評價，只和他共享喜悅、向他傳達

自己的心情，這樣就能讓他獲得勇氣。再小的事情都不要視為理所當然，試著對孩子說「謝謝」、「我很高興」或「幫了大忙」。

事實上，很多父母都將孩子做的事視為理所當然，因而完全忽視他們的付出。首先，就從這些被視為理所當然而受到忽視的行為開始說「謝謝」、「我很高興」或「幫了大忙」吧！

很多大人因為不好意思，所以說不出感謝的話語，甚至有人只要一說謝謝臉就會僵掉，但我認為這是大人自己必須克服的問題。孩子受到大人感謝時，一定也會覺得不好意思，但只要日常生活中有人開始使用這些鼓勵的話語，我想不用多久，就能聽到孩子自然地對我們說「謝謝」了。

肯定孩子的存在，就是最好的「鼓勵」

有的父母會說，他們完全找不到可以對孩子說謝謝的場合，因為他們的孩子完全沒有優點，從早到晚只會做壞事。

又或者，父母只會在孩子表現特殊時才給予關注，於是孩子就會認為自己必須變得特別。做得到的孩子為了獲得感謝，會努力做出適當的行為；但沒辦法變得特別——像是考到好成績——的孩子，或許就不再做出適當的行為。這時，感謝就變成了稱讚，當孩子開始期待大人的感謝，就會出現和稱讚相同的弊病。最後，孩子可能會對這樣的鼓勵產生依賴，但我們希望的是：孩子能成為一個即使沒有人鼓勵、沒有人提醒，也仍然能堅持信念的人。

鼓勵如果是發生在以下的情形，就等同於無效——在孩子做出適當行為時，想著這次向孩子道謝了，下次他說不定也會做出相同的適當行為。這種「別有居心」的做法，基本上不能稱之為鼓勵，因為鼓勵應該是表達自己現在的心情，不應該還期待「下一次」。

為了避免誤用的危險，我們需要關注孩子的「存在」——我們要讓孩子知道，不是他做了什麼事，而是他的「存在」就已足夠讓我們快樂。如果不是這樣，我們很可能就會在腦中將孩子或他人描繪成某種理想的形象，例如只有乖乖聽話、從不頂嘴才是好孩子，這樣眼前存在於現實中的孩子，就會變得不理想、不完美。

因此，我們必須把那種自以為是的理想從腦中剔除，只關注眼前的孩子。不是將孩子與自己想像中的理想形象做比較，而是關注孩子活生生就在眼前這個事實。只要孩子「活著」，對我們來說就是一種喜悅，所以不管發生什麼事都是加分。這麼一來，感謝的話語自然就能說出口，成為鼓勵孩子的動力。

在我居住地的小學曾經發生過學童掉進焚化爐而被燒死的慘痛案件，當時我是學校的家長會會長，訓導主任打電話給我，希望我聯絡班上同學的家人，以確認孩子們是不是平安到家了。

「那個……請問您的孩子今天平安到家了嗎？」

說出這樣的問題真的需要勇氣，因為平常根本不會有人這麼問。

就算聽到「嗯，他到家了」，也不能回一句「是嗎，謝謝」就掛掉。

因為對方一定會問：「嗯，他到家了，請問……為什麼要問這個呢？」

這時，我就必須向對方說明今天在焚化爐發現了孩子的遺體，因為無法確認身分，只好打電話詢問同學們是否平安。雖然無法看見對方的表情，但每個家長在聽到說明後的震驚情緒，就算只透過電話都完全感受得到。若是平常，家長們早就開始抱怨孩子早上賴床、不做作業、老是忘東忘西或行為粗魯等小事；只有在這時，父母才會深深感覺「幸好我的孩子還活著」。

我的母親很年輕就過世了，她病倒的時候，我連夜住在醫院看護她。由於當時還年輕，因此也不以為苦，週末就由其他家人換手，我在週一的早晨再回醫院。

一直陪在母親身邊的時候還好，當我離開兩天後，就會害怕再次走進病房，直到我像平常一樣聽到母親的呼吸聲，才會安下心來。醫院的病房早晨總是一片寂靜，連平常難以聽清楚的呼吸聲都變得明顯，而我每次都會真心地感謝上天：「太好了，媽媽還在呼吸。」

課題的分離

在解決問題之前，先確定「這是誰的課題」

再一次回顧親子教養與教育的目標，為了讓孩子能夠自立、與社會和諧生活，同時覺得人人都是他的夥伴、他是有能力的，不光只是鼓勵孩子就夠了，還要協助他用自己的力量去面對人生的課題。而這部分還可以分成兩方面來思考。

人生的課題原則上只能自己解決，阿德勒心理學則會從「這是誰的課題」的角度切入，幫助大家思考。要區分是誰的課題，只需思考誰要承擔起最終的責任、或是最後要由誰來承受決定所造成的結果，這樣就很清楚了。

舉例來說，如果問「讀書」是誰的課題，這當然是「孩子的課題」，如果父母開口要孩子「用功讀書」，就等於是父母插手干涉了孩子的課題，親子之間就無可避免地會發生衝突。但是，如果父母因為孩子不讀書而煩惱，那就是父母的課題了。原則上，**我們不能承擔別人的課題，也不能讓別人解決自己的課題**。所以，不能因為自己感到焦躁，就逼孩子去做作業。

但是，現在的人大多分不清自己和他人的課題，總是置身於混淆課題的狀況之中。為了解開混亂的線團，就必須仔細區分哪個課題是屬於誰的，這就是「課題的分離」。也就是說，如果別人沒有開口求援，就不能自以為別人需要幫助，隨便插手或干涉別人的課題。

自己無法解決的問題，才能升級成共同課題

但是，這並不是指大家就你過你的、我過我的，形同陌路。每個人都必須自己解決自己的問題，但可惜的是，個人的力量有限，不可能獨自解決所有的問題。很多時候，單靠一己之力解決所有課題雖然不是不可能，卻非常

地困難；過於堅持凡事都要自己因應，可能也會造成麻煩。

此時，我們就需要接受別人的幫助、或者主動幫助別人。例如家庭中有許多問題就經常需要所有或部分家人共同處理，在這種情況下，大家就必須取得共識，一起解決共同的課題。

然而，並不是所有事情都會演變成共同的課題。課題分離雖然不是最終的目標，卻是必要的；課題分離之後如果還是接到了求援的訊息，就要盡可能地協助對方。

就像前面所提過的，個人的課題本來應該是由自己負起責任來解決，如果想讓它變成共同課題，首先就要有共同解決課題的請託，並且得到大家的同意。也就是說，雙方或是複數的當事者都必須取得共識，願意一起解決問題才行。

無論如何，只有自己無法解決的問題，才能升級成共同的課題。

自己的課題，必須自己承擔行為的後果

在不是共同課題的情況下，孩子就必須承擔自己行為的後果。我們家是雙薪家庭，父母都在工作，所以孩子們放學回到家中常常空無一人，為了怕弄丟鑰匙，他們每天上學時都把鑰匙掛在脖子上。有一天，我兒子在上體育課的時候把鑰匙拿下來，之後就這樣忘記直接回家了，結果當時剛好沒有人在家，他進不去屋子裡。

因為可能會發生這種事，我早已拜託住在附近的阿姨讓他們待在那兒等我們回來，但兒子那天卻選擇在玄關整整等了兩個小時。最先發現他的是媽媽，但他並沒有滿臉委屈，反而開心地跟媽媽說「功課做完了」。雖然不知道他到底是怎麼在外面把功課做完的，但看到講義變得破破爛爛，他應該是直接趴在地上寫的吧，來往行人想必都會對他投以奇怪的目光。當然，忘記帶鑰匙還有其他的解決方法，沒想到兒子竟然選了一個這麼像他的方法，還

能不遷怒別人，一邊做功課一邊打發了時間，實在令我驚訝。

之後，兒子又有一次忘了帶鑰匙，這次他選擇了和之前不同的處理方式。那天我剛好在家裡工作，兒子打電話回來，這是我第一次接到他打的電話，而且是從之前說好收留他的那位阿姨家打來的。

「我把鑰匙忘在（學校）了……我想（爸爸）應該在家……」

如果我不在，他應該就會直接待在那位阿姨家。和上次比起來，他已經學會先跟人借電話確認有沒有人在家了，比起我小時候，他的生活能力可說是強多了。

如果孩子沒有求援，父母就擅自插手或開口干涉，孩子以後一遇到困難就會依賴父母的幫助，這麼一來，孩子就很難相信自己是有能力的。

只要父母插手或開口處理，事情就很容易解決，但就是因為這樣才不能做。這並不是要父母完全放任不管，當孩子無法處理、或可能出現危險的後果時，父母自然要挺身而出。

上面所說的是屬於自然發展的例子，也有故意不提醒不做作業的孩子，讓他在學校體驗社會性後果的例子。之所以要讓孩子體驗後果，是為了幫助他明白自己是有能力的、人人都是自己的夥伴；但要是情況相反，他可能會因此感覺自己無能、而且每個人都是他的敵人時，就不能再任由他自行去體驗後果。

本書對於體驗後果這部分無法再多加著墨，但要注意的是，如果使用了錯誤的方法，體驗後果的過程就會變成對孩子的懲罰，一定要謹慎小心。

只要從旁守護，不要過度干涉

因為知道孩子們即使忘記帶鑰匙，也會處理得很好，所以我們就不再擔心這件事了。但有一天早上，我發現兒子沒有像往常一樣把鑰匙掛在脖子上，就忍不住開口提醒他了。

「你沒有帶鑰匙，沒關係嗎？」

然後，他這麼回答我——

「唉喲，反正爸爸不用擔心啦！」

後來我才知道，他已做好預防措施，在書包底下藏了一把備份鑰匙。

我的朋友也跟我分享了一件事。她讀國中的女兒某天在學校好像出了狀況，哭著回來了。雖然她非常在意，但她們母女並沒有親密到有那種不說話就知道彼此該怎麼做的默契。

所以她只好問女兒：「……媽媽有沒有什麼可以幫妳的？」

她女兒回答說：「嗯，妳只要讓我靜一靜就好。」

第二天，她女兒一臉開心地從學校回來了，然後告訴她：

「昨天我和朋友吵架，真的好難過，不過我們今天和好了。」

雖然我朋友什麼也沒做，但看見女兒自己解決了問題，她還是很欣慰。

我年輕的時候沒有考駕照，一直到三十八歲才下定決心要考一張，結果光是臨時駕照的考試就落榜三次，可以說是費盡千辛萬苦。

在最後的路考，我要從狹窄巷道左轉到好幾線道的大馬路，我一直等到行人都穿越斑馬線後，才放心地立刻左轉，沒想到一輛腳踏車忽然從我前面切過，我差點就撞到它。我馬上踩了煞車，但考官也同時把腳放到了煞車上，我聽到咔嚓的聲響，失望地想著這次大概過不了關了。

雖然考官應該沒有踩下煞車，因為他如果踩了，考試當場就會中止，不過等我回到駕訓所時，卻意外發現自己合格了，考官後來告訴我他的考評。

「當時真的很危險呢！但你沒有踩油門，而是低速滑行（creep，不踩煞車讓車慢慢前進），左轉時也再次確認過情況，我的腳雖然放到了煞車上，其實並沒有踩下去。」

我想，教育孩子的時候應該也是一樣吧！父母不過度干涉孩子，就像是腳雖然隨時放在煞車上，但除非必要絕對不擅自踩下去，不然可能就會破壞孩子之前的努力。

到目前為止，阿德勒心理學所提到的親子教養與教育，並不是用獎勵來引誘孩子表現適當行為的溺愛教育，也不是容許孩子為所欲為的放任教育，當然更不是靠懲罰來制止偏差行為的斯巴達教育。

像前面那位中學老師所說——「現在的國中生，如果不能揍到他們聽話，就只能用哄的了」的方式，更是阿德勒心理學最反對的方法。

不是靠武力壓制，而是靠耐心勸說，這才是做為大人的胸襟與溫柔。教導孩子學習課題分離，讓他們靠自己去面對課題，不做不必要的介入，這才是與孩子相處最好的方式。

第三章

擁有更理想的人際關係

——橫向連結與健康的人格

每個人都是對等的存在，沒有優劣之分，只是責任不同。
在這樣的橫向連結中，我們才能彼此合作和鼓勵。
上對下或競爭性的縱向關係則不可能做到互相協助，
因為那些所謂的「協助」會變成多管閒事的干涉，
只是為了滿足自己的優越感。
也只有在橫向的人際關係裡，我們不需要炫耀優秀或變得特別，
只要接納自我，進而信賴他人、為他人貢獻與著想，
就能在瞬間找到幸福的指引。

每個人都是對等的存在

「壓制與干涉」代表什麼樣的人際關係？

目前，我們已經對阿德勒心理學的親子教養與教育主張有大致的了解，現在回頭來思考一下，為什麼傳統的親子教育，會習慣用壓制、或將孩子的課題搶過來解決的方式因應問題。以前面所提過的阿德勒親子論為基礎，接下來我們將從思想面（第三章）及理論面（第四章）來觀察阿德勒心理學。

我曾經旁聽過一段畢業旅行的國中生與領隊老師的對話，當時學生們似乎是依自己計畫的行程行動，不過中間有一段路程有老師陪同，之後老師會比學生們先下車。

「記住，你們下車的地點是B站，是A站的下下站，知道了嗎？有沒有聽到？」

「放心啦，老師，我們知道。」

當時學生們由於出來旅行而十分興奮，因此老師不斷要求他們安靜。但以我這個旁觀者的立場來看，反而覺得老師的聲音比較大。

「老師老師，上次你幹嘛抓狂啊？」

「你說那次嗎？沒辦法，有些人就是說不聽，只能動手了。」

「別為了那種小事抓狂嘛，老師……」

結果老師並沒有針對這句話做回答。

快到自己要下的站時，老師又叮嚀了一次。

「注意，老師要下的A站到了，你們要下的是下下站的B站，不要下錯了哦！」……

這幾句對話給我的感覺，就是這位老師並沒有將學生當成對等的存在。

基本上，該在哪一站下車，我覺得並不需要像這位老師如此反覆強調，就算學生們因為畢業旅行初次造訪陌生的土地而迷路，也不該否定他們具有自己解決這個問題的能力。

不過，在這個老師一遇上不聽話的學生就採用暴力行為的背後，可以看出他與孩子們之間的人際關係架構，這一點會在後面詳述。他是否曾經嘗試過用真誠的語言，努力傳達自己的想法？就算做過努力，他使用的言詞又是否適當呢……

拒絕言語溝通的人，原本就沒有溝通的意願

我在家工作的時候很多，因此經常有機會在下午見到來找兒子或女兒玩的小朋友們。某天，我聽到兒子和來家裡找他玩的朋友聊天，他們在討論一個經常和別人打架，讓周遭朋友及師長都很困擾的暴力同學。

「○○看起來好像很強的樣子，其實他那樣才不算是真正的強大。」

「對啊，我也這麼想。」

我坐在附近，實在忍不住想問他們：「那你們覺得什麼才是真正的強大呢？」

兒子還曾經帶著傷回家，因為他被同學欺負卻沒有還手，反而還跑去勸架，結果被對方踢傷了。

那天，他讓我看了受傷的地方。

「我今天贏了，因為我沒有哭。」他得意地跟我說。

阿德勒認為，用言語取代暴力去解決問題才是最重要的，對孩子們來說，父母的身教重於言教，做比說有用。

兒子上小學後沒多久就被同學踢傷，兩方都因此受傷流鼻血，不但對方家長打電話來道歉，連導師都親自前來說明事情經過，事態鬧得有點大。兒子受傷不是小事，我也不可能不在乎，但我仍然慶幸傷到人的不是我兒子。

那位把兒子踢傷的同學家長打電話來道歉，我跟他說：「還好不是很嚴重的傷，請不要為今天的事責罵或處罰孩子。」結果讓他十分驚訝。

身為父母的我們必須思考，如果孩子因為不小心讓朋友受傷，結果被父母責罵是壞小孩或挨打，孩子最後學到的會是什麼？那就是「暴力是解決問題的唯一方法」。

阿德勒反對一切的懲罰，甚至認為孩子們可以痛恨毆打或懲罰他們的大人，因為這樣能讓他們在成為大人時，絕不會毆打或懲罰孩子。當中或許有人是因為被打才醒悟，事後甚至會感謝毆打他的大人，但這樣的人長大後便會用相同的方法對待孩子。

某所國中的老師在赴任第一天，便有個學生突然大喊「你竟敢摸我女人的胸部」，然後用力踹了他一腳。那個老師說，他當時瞬間愣住了，不知道這到底是什麼狀況。當然這件事是子虛烏有，但由此可以看出，那個孩子是從大人的惡劣示範中，學習到對他人使用暴力。

確實，責罵或懲罰比較簡單，孩子們也可能因此感到挫敗而停止不適當的行為，但是從前面提過的後果來看，就可以知道這絕不是處理親子關係、或所有人際關係問題的手段。

或許有人會覺得，這麼一來事情不就變得很麻煩嗎？明明只要大聲斥責就能馬上解決了。話雖如此，但這樣卻會造成無可磨滅的巨大影響。因此阿德勒心理學主張，不管要花多少時間及心力，都要盡其所能用言語和孩子們溝通。

更何況，大人之所以不肯用言語和孩子們溝通，是因為他們就像之前那位領隊老師，原本就認定言語溝通是無效的，這部分稍後會再談到（第五章）。但阿德勒認為，人與人之間本來就不可能互相理解，因此為了增進理解，除了努力溝通別無他法。而認為對方無法溝通的人，其實一開始就沒有溝通的意願。

說得直接一點，不願意用言語溝通來解決問題的人，代表他認為對方比自己低等，所以溝通了對方也聽不懂。

競爭的縱向關係

縱向關係：上對下、有能對無能的判斷評估

在第二章曾經提過，阿德勒心理學主張不懲罰、不責罵，也不稱讚。這麼說並不是在玩語言遊戲，而是從人際關係的架構問題來思考。基本上，如果一個人可以「稱讚」別人，就代表他與別人的人際關係是屬於「縱向關係」，因為稱讚是有能者對無能者的評價，是上對下的判斷及評估，因此這時的人際關係是屬於縱向的。

但是，阿德勒心理學卻認為，這種縱向的人際關係是損害精神健康最大的負面要素，因此大力提倡建立橫向的人際關係。用鼓勵取代稱讚，就是以「橫向關係」為前提所提出的建議；人也只有處在橫向關係之中，才能互相鼓勵。阿德勒認為，人與人之間是對等的橫向關係，就算對方是稚齡的孩子

也不例外。

用暴力解決與孩子之間的問題，就代表認為孩子比自己低等；不斷稱讚孩子，就代表自己與孩子之間的關係是屬於上下關係。

橫向關係：人無優劣，只是責任和目標不同

那麼，所謂的橫向關係又是什麼樣的關係呢？

美國知名精神病學大師莉迪亞·吉哈（Lydia Sicher）舉〈聖經·創世記〉第二十八章為例，雅各「夢見一個梯子立在地上，梯子的頭頂著天，有神的使者在梯子上，上去下來」。她指出，這並不是指天使高高在上，而雅各只能卑微地向上仰望，而是代表人類都活在相同的水平面，只是從不同的出發點、懷抱著不同的目標向前行進。那裡沒有優劣之分，只有先行與後到，而人類的文化就在這樣的齊心協力之下，不斷地向前進化。

通往天堂的階梯很狹窄，無法同時容納兩個人；如果擠了兩個人，一旦想要向上攀登，就必須推開擋在前面的人。這個時候，人與人之間就不是同心協力，而是變成誰先到達頂點的競爭，想要取得第一的人，就必須將他人從梯子上推下去。

但吉哈卻認為，人與人之間的關係並非如此。她認為，**我們全都走在同一個平面上，沒有優劣之分，每個人都擁有自己的出發點、道路及目標，大家都照著自己想要的方式，或快或慢地朝著目標前進。**

大人或小孩、老師或學生，都只是不同的角色而已，沒有誰優誰劣的問題。當然，這並不是指每個人都「相同」，畢竟大家的知識與經驗多少（僅是多少而已）有些不同，所必須承擔的責任多寡也不一樣。

舉例來說，如果要設定門限，無論是大人或小孩都必須有門限。當然門限時間會有所不同（至少小學一年級不可能晚上十點才回家吧），但如果孩子有門限，大人卻沒有，這就是歧視了。也就是說，孩子和大人雖然不同，地位卻是對等的。

再舉一個例子，我在大學裡教希臘語，每年都會替學生選定教科書，因為我比他們更了解希臘語。如果有學生對我說：「老師，有一本教科書的練習題比較少，可以換那一本嗎？」我應該會拒絕。這不是我無視學生的意見，而是我身為希臘語專家，一定會選擇一本在學問或教育上對學生都最好的教科書，因此不能讓步。但是，我會和學生討論教學的方式，是要用講義上課或是口頭報告、小組討論，我都會與學生討論過後再決定。因為老師與學生雖然「角色不同」，以個人來說卻是「對等」的。

人類是向「前」進，不是向「上」爬

吉哈將全體人類向前邁進的過程稱為「進化」，代表人類是向「前」進，而不是向「上」爬。大家在寬廣的大道上並行，誰走在前方、誰走在後方，都完全無所謂。有人走得快、有人走得慢，這都是自己的選擇，兩者之間不存在優劣的關係。

或許舉雅各的階梯當例子有點難懂，以芥川龍之介的短篇小說《蜘蛛之絲》來說明可能更為貼切。

強盜犍陀多因為佛祖的慈悲，讓他得以藉由一根銀色蜘蛛絲脫離地獄苦海，進入極樂天堂。但爬到高處的犍陀多往下看到無數的罪人跟著他爬上蜘蛛絲，他擔心這根纖細的蜘蛛絲無法承擔這麼多人的重量，於是大喊：「這是我的蜘蛛絲，快滾下去！」結果蜘蛛絲應聲斷裂，佛祖始終凝視著這一切經過，面露悲憫地離去。

「犍陀多缺乏慈悲心懷、只顧自己脫離苦海的舉動，讓他最終又墜落到原來的地獄。在佛祖眼裡，他只是因自己的卑劣與淺薄遭到相應的報應而已吧！」（引用自新潮文庫）

只要陷入競爭，所有人都會掉進無間地獄。在縱向關係裡一定會出現競爭，因為如果不想屈居下方，就只能往上爬。只要有競爭，就會有勝者和輸家，從人類整體的發展來看根本是正負相抵，結果為零。

但也有人不願站在上方，反而喜歡將自己置於下方，像是總在追求稱讚的孩子、或對上位者過於諂媚的人，都是其中的例子。這些人雖然不想站在第一位，卻自認、並希望他人認同自己比那些不被稱讚的人優秀。

在習慣競爭的社會裡，不同的職責會演變為上下關係，這是很令人遺憾的一件事。對於從小就將競爭視為理所當然的人來說，「職責不同不代表人的地位高低」這樣的觀念，是很難理解的。

因此，人不應該競爭，而是應該將其他人視為對等的存在，彼此共同努力，尋求人類全體的進步。只有建立起這樣對等的橫向關係，親子的相關教育技巧才能發揮作用，否則這些技巧不只無效、甚至還是有害的，非常容易變成控制孩子的手段。即使後果這麼嚴重，還是有很多人將阿德勒心理學做為控制他人（孩子或學生）的道具，實在很令人痛心。

協力的橫向關係

在對等存在中，人們才能互相協助與鼓勵

雖然大人必須培養並教育孩子，但是在這之前，大人更是被孩子需要的。從生物學的觀點來看，人類從出生到成長，比起其他動物需要父母更長的保護，但現在的問題是，很多人都已經過了需要父母保護的時期，卻仍然躲在父母的羽翼之下不願自立。此外，我們確實必須自立，但這並不是要我們只靠自己的力量活下去，因為不和他人合作，我們也無法存活。自己能做到的事，當然要自己解決，不要依賴他人；但如果這件事困難到自己無法因應，就可以接受他人的幫助。相對的，我們也可以在別人有需要的時候提供協力。

只有處在對等的橫向關係中，我們才能彼此協助、互相鼓勵，除此之外的人際關係都不可能做到「互相協助」。因為那些所謂的「協助」會變成多

管閒事的干涉，只是為了滿足自己的優越感，並沒有把對方當作是對等的存在。雖然大家都能理解「處於對等的橫向關係」這句話，事實上卻很難做到，因為人與人一旦面對面，就會反射性地去判斷自己屬於上位或下位，這是人類的習性。

曾經有位朋友在聽過「不稱讚」的理論後大加贊同，轉頭卻對身邊的一位小朋友說：「你好厲害啊！」我對他說這就是稱讚，他竟然回答：「別人家的孩子稱讚一下有什麼關係？」讓我十分驚訝。我告訴他：「如果是我，我可不願意自己的孩子被你評價。」然後他又問：「那麼幾歲的孩子才能稱讚？」我回答：「這和年齡沒有關係，無論幾歲的孩子和我們都是對等的地位，用這種上對下的態度稱讚一個人，是不對的事情。」

不只是對孩子，包括老人也經常受到這種上對下的待遇。某天我比平常晚送女兒去幼稚園，於是聽到了一段之前不曾聽過的廣播。幼稚園裡有一位老師，每天早上都會帶父親來上班，因為日間托護中心的巴士要一小時後才會來接父親，又不能把他一個人丟在家裡，因此這位老師就讓他和自己一起來幼稚園。那天我送女兒到幼稚園時，剛好托護中心的巴士也來了，便開始廣播：「爺爺出來囉……巴士已經到了哦……你在哪裡呢……」為什麼有人可以對別人這麼說話呢？如果是叫喚一個身體健康或有社會地位的老人，我想他們一定不會用這種口氣。

我的母親住院時，也曾經有一個護士小姐這麼對她說話。

我母親當時是腦中風併發肺炎，那位護士小姐對著意識不清的母親大聲喊她的名字，然後說：「嗯，至少還聽得懂我在說什麼。」當時我聽到她這麼說，心裡很不舒服，因為感覺母親不被她當作一個對等的人。

在橫向連結裡，無需炫耀優秀或證明自己

在阿德勒流傳至今的各種軼事中，最常見的就是他很容易與孩子及年輕

人建立對等的橫向關係。

某天，火車裡有個五歲孩子因為不耐煩而鬧起脾氣，接著還大聲哭起來。他年輕的母親非常困擾，一直安撫著他、要他停止哭泣，最後還威脅要打他，但孩子不僅沒停止，還反抗似地越哭越大聲。剛好在火車裡的阿德勒，於是將一部玩具火車放在手掌裡逗他、還和他說話，被對話吸引的孩子很快就安靜了下來。

大家現在應該可以了解這個孩子哭泣的目的——他是個「抗爭的孩子」。而這裡要關注的是阿德勒的態度，他和孩子的母親不同，非常冷靜地對待孩子，同時認真地和他對話。如果因為對方是孩子就威嚇或看輕他，只會讓事態更加惡化。

阿德勒對年輕世代有著非常大的期望，同時也對他們抱持敬意。阿德勒的女兒某天拚命調著收音機的頻道，想收聽英國那邊的廣播，雜音卻嚴重到幾乎聽不見。阿德勒對女兒說他們這裡幾乎收不到英國的廣播，女兒卻不管他說什麼，仍然努力地調頻，沒想到收音機真的突然開始播放起英語節目。

阿德勒後來這麼說：「雖然這件事對我而言是不可思議的奇蹟，但是對下一個世代來說卻是理所當然的吧！」

某天，德瑞克斯教授（阿德勒的弟子）與他的弟子克里斯坦森一起進行公開諮商，早上是由德瑞克斯教授主持，下午則是克里斯坦森。諮商結束後，旁聽的觀眾問了一個問題。他說早上和下午的諮商他都旁聽了，但他覺得克里斯坦森下午的諮商顯然比身為老師的德瑞克斯優秀，他問道原因出在哪裡。克里斯坦森聽到有人說自己的諮商比老師優秀，頓時不知所措，但德瑞克斯教授卻坦然地回答：

「那是因為克里斯坦森的老師，比我的老師要優秀啊！」大家明白了吧？

以十二音列法聞名的作曲家荀白克（Arnold Schöenberg）出生於維也納，和阿德勒是同時代的人。他的《升f小調第二號絃樂四重奏》及《室內交響曲》初次公演時，因為太過創新而對維也納造成了衝擊，導致他的音樂會遭到眾人噓聲及怒罵，甚至還狂敲椅子、起立抗議。

據說當時同在現場的另一位音樂家馬勒起身要眾人安靜，並且不斷大聲喝采，直到最後一位反對者離去為止。不過，那一晚馬勒卻這麼坦承：

「其實我聽不懂他的音樂，但他是年輕人，所以他的音樂應該才是對的。我已經老了，可能已經失去理解他的音樂的能力了。」（希爾德．修貝爾，《維也納黃金之秋》〔*Hilde Spiel, Vienna's Golden Autumn*〕）

如果與他人都能維持橫向關係，就不需要努力去讓自己看起來更好；在橫向關係之中，完全不需要炫耀優秀及展現自己。阿德勒認為，一旦覺得自己必須證明什麼，很可能就會矯枉過正（《兒童的人格教育》）。

大提琴家馬友友曾在訪談中說過一段話：他之所以能在演出前保持平常心，是因為他已經到了一定的年紀，不需要再去證明自己有多優秀的關係。

讓自己幸福的三個要件

接納自我——改變對自己的看法

前面曾經提過，阿德勒心理學認為縱向的人際關係是損害精神健康最大的負面要素。那麼，包含之前提過的親子教育目標、以及甘於平凡的勇氣這幾點在內，怎麼樣才算是精神健康的狀態呢？

首先，其中一個條件就是接納自我。

阿德勒認為——「重要的不是你有些什麼，而是如何運用你所擁有的東西。」（《精神官能症問題》〔*Problems of Neurosis*〕）「我」這個器具和其他的東西不同，不但無法替換，也確實有些怪毛病，但為了能夠好好運用它，就必須真心喜愛這個器具，或是像英語所表達的「接受」（accept）它。

為此，我們必須接受現在的這個自己。克里斯坦森在說完自己被老師德瑞克斯提醒「現在的他就很好，不需要特意讓別人印象深刻」的故事之後，還說了下面這段話：

「請接受現在這個自己。今天在場聽過我這番話的人，從這個瞬間開始就能變得幸福；如果做不到，就永遠也得不到幸福。」

不可否認地，當時他的這段話讓我有些反感。但是，對於只將心理學視為哲學的一部分、從未深入了解的我來說，阿德勒心理學確實引起了我的興趣。

我是一個哲學家，自然曾經思考過「什麼是幸福」，但我卻發現自己不曾想過「如何讓自己變得幸福」。哲學家們努力選用精確的言詞去辯證什麼是幸福，幸福更是哲學重要的主題之一，但身為哲學家的我卻可能完全不幸福。

就像克里斯坦森說的，「變得幸福」說不定遠比我們想像的要簡單，但我們為什麼做不到呢？我在前言曾提過精神病學大師莉迪亞·吉哈說的一段話，就像她在看完阿德勒的書之後所感受到的那樣，世界真的很簡單，但為何我們卻不這麼認為？吉哈覺得，那是因為我們將世界複雜化了，是我們給予了世界複雜的意義，只要能停止這種神經質的定義，我們就能擁有「地上的天國」。

第二章曾經提過，阿德勒認為沒有人擁有完全相同的經歷，因為人不是活在客觀的世界裡，而是依自己的興趣及關注的重點去定義這個世界，再用這種方式去了解它。所以他也嚴謹地提醒，我們要為自己做出的所有行為負起全部的責任（第四章）——只是看到這樣的說法，或許有人會覺得，吉哈所主張的「天國」境界根本就是遙不可及吧！

再把話題轉回來，德瑞克斯教授對克里斯坦森說「你現在這樣就很好」，就是要他接納現在的這個自己，但這並不是要我們裝作沒看見自己的現實狀況。大家看到後面（第五章）就會了解，阿德勒心理學並不是一種讓我們不必面對現實，然後拚命美化自己的樂天主義。

米開朗基羅的大衛像世界聞名，據說那塊被雕成大衛像的大理石最初有一道巨大的裂痕，因此沒有人敢嘗試雕刻，但米開朗基羅卻在這塊大理石當中看見了大衛的靈魂，將他從石頭裡釋放出來。

對米開朗基羅而言，那塊大理石的致命缺點，也就是巨大的裂痕，反而是讓他發現大衛的契機。也就是說，如果沒有那道裂痕的存在，這世上就不會有大衛像的誕生，而那道裂痕在他的巧手雕琢下，更為大衛像增添了生命力。米開朗基羅犀利的眼光，讓他看到了別人看不到的，也看出了這塊石頭的真正價值。

因此，我們不需要改變自己，只要改變對自己的看法就好，或是從不同的角度去發現自己的亮點。

印度哲學家、也是二十世紀最偉大的靈性導師——吉杜．克里希那穆提（Jiddu Krishnamurti），曾經說過這麼一段話：

「你的父母、師長時常告訴你要得到某種成就，要像你的叔叔或祖父一樣成功。而教育的意義是要幫助你從孩提時代開始就不要去模仿任何人，永遠都做你自己。」（《人生中不可不想的事》〔*Think on These Things*〕）

然而，現今的社會卻和這樣的想法背道而馳，藉著親子教養及教育，硬將期望的理想形象套在我們身上，要求我們模仿偉大的英雄、或是「成為」什麼人物。但是，那個理想形象是虛構的，眼前存在的只有「現在這個自己」。如果我們不喜歡原本的自己，就不可能變得幸福。

「無論你是醜或美、羨慕別人或嫉妒別人，永遠都要做你自己，並且去理解它。做自己是非常困難的事，因為你總認為原本的自己是卑劣的，並且認為把你變得神聖是很棒的事，但它永遠不會發生。如果你認清真正的自己並且理解它，這份理解會帶來真正的蛻變。」（克里希那穆提，前書）

阿德勒在第一章提過，生活型態要比我們想像中容易改變。這聽起來很簡單，但要一個性格內向的人在一夜之間變成粗神經的樂天派，實際上是非常困難的。而一個覺得自己不擅長人際關係的人，因為被他人指責而認為自己「個性陰暗」，恐怕也很難接受這樣的自己。

這時就要思考阿德勒說過的「重要的不是有些什麼，而是如何運用它」，然後改變對自己的看法；若是別人困在那樣的生活型態之中，也要幫助他去改變對自己的看法。

就像「個性陰暗」，可以轉而用這樣的角度來思考——「你不是個性陰暗，你只是不願意傷害別人，總是替別人著想而已，所以你是個溫柔的人」。這麼一來，裡面裝著生活型態、被標為「個性陰暗」的抽屜，在標籤被換成了「個性溫柔」之後，連生活型態的模樣也都跟著改變了。

信賴他人——這個世界並不危險

但是，光只是接納或喜歡自己還不夠，如果一個人總是將身邊的人視為敵人，認為他們一有機會就要陷害自己，就算他再怎麼喜歡自己，也不可能擁有健康的生活型態，而且也很難幸福。因為他敵視別人，認為自己身處敵國中心，隨時都可能有危險（《個體心理學的實踐與理論》）。對他來說，「人人都不是夥伴」；更消極一點，還可能覺得「如果自己不存在，其他人說不定會過得更好」。

我的朋友曾經告訴我一件他小時候的回憶。在阿德勒心理學中，這種有時間、地點的故事性回憶叫做「早期回憶」（Early Recollections），可以用來判斷一個人的生活型態。

在他小時候，社會上對於家狗和野狗的管理還不是那麼嚴謹，他的母親叮嚀他，如果看到狗絕對不要跑，因為狗看到人跑就會追。

「某天，我和兩個朋友走在路上，前面來了一隻狗，我聽母親的話乖乖站著不動，另外兩個朋友卻跑走了。」

結果，發生了什麼事呢？……那隻狗一口咬上了他的腳。

從此之後，他開始覺得這個世界到處都是危險，走在路上會擔心車子突然撞過來；待在家裡會害怕飛機掉下來；在新聞上看到疾病的相關報導，就懷疑自己得了那種病……一直過著驚弓之鳥般的生活。

直到有一天，他聽到「如果不能信賴他人，就無法變得幸福」這樣的說法，便突然想起已經被他遺忘的一段回憶。

「一直以來，我只記得自己當時被狗咬了，卻不記得後來發生的事。但最近我卻想起來了，後來是一個不認識的叔叔用腳踏車載我去附近的醫院接受診治的。」

為什麼他會突然想起這段已經遺忘那麼久的回憶呢？如果他仍然覺得世界是危險的，恐怕不可能想起來。因為他的想法改變了，他開始明白世界並不危險，他身邊的人也不是敵人，而且還幫助了他……所以，這段他所忘懷的記憶才被釋放出來。

貢獻他人——懂得付出、給予回饋

現在我們能接納自我、信賴他人了……但這樣還不夠。雖然周遭都是好人，但自己卻完全是個沒用的廢物——如果對自己的觀感是這樣，那麼我們離幸福的距離還是很遠。因此，在接受他人好意的同時，也要懂得付出；或是在別人對我們好的時候，也要予以回饋。

有些孩子只活在自己的世界裡，他們認為外界充滿艱困，其他人全是自己的敵人；有些孩子則從小被教育「只要管好自己的事就行」（《兒童的人格教育》）。這樣的孩子沒有意願與他人的人生和諧共處，他們太過擔心自己的處境，以致於沒有餘力去關注別人的遭遇。但這個社會不是只有自己、還有我們的夥伴，對阿德勒來說，如何認同自己的夥伴，是最根本的問題。

我在第二章提過，如何讓孩子注意到除了自己以外的其他夥伴，是母親的責任。如果對外擴展關係的任務失敗了，孩子就會想和母親建立獨自的關係，這是因為孩子失去了安全感，已經沒有能力去關心別人。

但是，阿德勒卻希望孩子能學會如何認同夥伴、與夥伴和諧共處、對夥伴有所貢獻。當然，這裡所說的貢獻，並不是指強迫性的自我犧牲。有些人會為了別人犧牲自己的人生，阿德勒認為這樣的人是「過度適應社會」（《兒童的人格教育》）。「付出」雖然是一項很重要的特質，但要是過度為之反而不健康。

如果在付出的時候，認為只有「特別的事」才稱得上貢獻，很多時候「貢獻」就會變成一件很困難的事。但「貢獻」的意義並非如此。就算沒有實質可見的事蹟、就算現在沒有發揮助益，也要覺得自己是有用處的，自己的存在本身對他人就是一種貢獻，自己所做的事與人類全體都有聯繫，也能產生影響。

阿德勒曾經舉過一個例子，他勸告個性過度緊張、無法將他人視為自己夥伴的人，可以試著去擔任聚會主辦人，努力給朋友一段開心的時間，或是去關注他們在意的事（《個體心理學的實踐與理論》）。他認為，一旦有了那樣的經驗，之前在人際關係中不曾感到快樂，或抱怨誰都不關心他、只等著別人付出的人，很可能就會改變自己的想法。

至於對待孩子，阿德勒認為，父母不應該代替孩子做他們做得到的事。如果父母搶走孩子們的工作，就等於奪走了讓他們相信自己有所貢獻、具備能力的機會。孩子們只有靠自己親手完成一件事，才能獲得自信。

某次，阿德勒去拜訪一個家庭，那家的五歲男孩將許多玩具散放在客廳，讓人幾乎寸步難行。他的母親正準備要斥責他，阿德勒卻朝男孩走近，蹲下來對他說：

「你很會擺放玩具呢！那你一定也能好好收起來吧？」

不到一分鐘，男孩就把玩具收好了。

阿德勒對於老人也有同樣的看法。他曾經說過，如果一個老人認為自己不再被需要了，他不是變成一個對孩子百依百順的好好父母（結果就是過度寵壞孩子），就是變成一天到晚碎碎唸的挑剔父母（《兒童的人格教育》）。阿德勒對於老人們被逼到絕境的這種狀況甚為痛心，因此他建議「即使已經六十、七十，甚至是八十歲，也不要勸他們停止工作。」（《兒童的人格教育》）

接納自我、信賴他人、貢獻他人，這三者缺一不可。能夠接納自己，才有能力貢獻他人；想要貢獻他人，就必須信賴他人。

前面曾經提過的教育目標之一「我是有能力的」，就相當於接納自我。人一旦覺得自己是有能力的，就能夠接受自己，而且這份能力不能只是對自己有益，還必須對他人也有所幫助。

而且，人是不會想對自己不信賴的人有所貢獻或給予幫助的，因此這三個條件缺了任何一個，都會讓人無法變得幸福。

為他人著想的共同體意識

人最根本的理想就是擁有「歸屬感」

看到現在，我們已經可以了解，一個健康的生活型態並不是以自我為中心，而是要能為他人著想，這是很重要的條件。

有人對美國人做了一項調查：「為什麼看到紅燈必須停下來？」結果有百分之七十的美國人回答：「因為被警察抓到會開罰單。」可以看出這是賞罰教育下造成的結果。

另外有百分之二十五回答：「因為可能會受傷。」這個答案比之前那個好一點，卻是以自我中心為出發點。只有百分之五的人回答：「因為我可能會受傷，也會波及到無辜的人。」

最健康、也最能夠幸福的生活型態，是在面臨某種情況時，不先考慮會對自己造成什麼影響，而是思考這樣對大家是好事、還是壞事，自己又能在當中做些什麼幫助別人。

像這樣不是只考慮自己的事，也能為他人著想；他人給我支持，我也能在與他人的連結中感覺自己有能力貢獻他人；我與他人相互依存，但絕不認為自我犧牲是一種好的生活方式；能認同自己、也能給予他人貢獻……阿德勒將之稱為「共同體意識」，這也是阿德勒學派中爭論最多的名詞。

阿德勒心理學認為，人最根本的理想就是擁有「歸屬感」，也就是被共同體所接納。但是，想要被接納，就不能什麼都不做，被動地在那裡等著，而是要有積極的作為。方法有各式各樣，但並不是如前面提過的，讓自己表現優異好被認同、或是做一些吸引旁人注意的行為，這些都是不健康的方法。

這裡所謂的「共同體」，基本上可以指我們所歸屬的家庭、學校、職場、社會、國家及人類所有的集團，廣義地還包括過去·現在·未來的全體人類，甚至是包含生命體及非生命體的宇宙整體。不過阿德勒認為，這是「無法企及的理想」（《學校的個體心理學》），並不是指世上任何已經存在的社會。

阿德勒心理學絕不是要我們去適應社會的心理學。阿德勒曾說過：「社會制度是為了幫助個體而存在的，而不是個體為了社會制度而存在。」）（《兒童的人格教育》）雖然阿德勒確實說過，個體為了獲得救贖必須擁有共同體意識，但這並不是要我們像希臘傳說「普羅克拉斯帝的鐵床」（Procrustean bed）中攔截旅人的惡盜普羅克拉斯帝一樣，逼迫綁來的旅人躺在鐵床上，如果旅人的身體比鐵床短，就強拉其軀體使與床齊；如果旅人的身體比鐵床長，就砍掉多出來的肢體——逼迫個體硬嵌入社會這張鐵床。

這裡也不是在說擁有社會通念及常識的重要性，因為所謂的社會通念及常識很可能本身就有謬誤。前面曾經提過，人不是活在客觀的世界，而是活在自己所定義的世界裡，每一個定義對個人來說都是獨特的，不能說哪個是正確或不正確。

就像我們所看到的，人不能孤獨地存活於世，必須活在與全體的連結當中，因此我們必須避免活在過於完全自我中心或個人定義的世界裡，而要試著擁有「共通感」（common sense）這樣的普遍判斷，對我們才會有用且重要。阿德勒也一直不厭其煩地推廣這樣的觀念（《個體心理學的實踐與理論》）。

之所以使用「共通感」這個不常見的詞彙，是為了與「常識」做區別。阿德勒不斷告訴我們，當我們對於自己現今所屬的社會通念，不知該認同還是反對的時候，就要以更大的共同體意識去思考。因為有時候，我們也必須斷然地對某些既存的社會通念及常識說「NO」。事實上，許多阿德勒學派學者（Adlerian）在面對納粹的逼迫時都說了「NO」——即使那意味著死亡，而因此喪生於集中營。

阿德勒認為，只有共同體意識才是拯救人類、測試人類精神是否健康的唯一指標。

共同體意識也可能被濫用為強制的工具

不過，在價值觀如此多樣的現今社會，預設「共同體」這個概念已經明顯成為一件危險的事。當我們提出「共同體」這個概念時，就必須考慮可能會出現「逼迫自己去符合社會」這樣的問題，或是遇到有人假借「共同體意識」之名，去行「普羅克拉斯帝」的惡行。因此，「共同體」屬於理想而不是現實，這一點並沒有改變。我們必須要夠敏銳，隨時注意自己可能正處在被逼著認同社會通念、被以互助為名強迫並統治的危險之中。一旦貢獻及信賴變成強制，那就是法西斯主義。

當阿德勒提出共同體意識及互助的觀點時，曾遭遇以下的質問：「但是誰都沒有對我表示過關心啊？」面對這個疑問，阿德勒的回答很簡單明快。

「必須要有人先採取行動。即使其他人不願意協助旁人，那也和你沒有關係。我的建議是這樣的：應該由你開始協助別人，而不要去想別人是不是也一樣這麼做。」

阿德勒深知「強制」的危險性，因此即使是他所認同的共同體意識，他也認為不應該強迫他人遵從或認同。該去實踐的人是自己，而不是推給他人。

我在本書的最後（第五章）有略微提到，我們不能抽離眼前這個人去思考共同體及人類這個群體。共同體是大於個人集合的一種存在，但是抽離個人去思考共同體這個概念是沒有意義的。

從鼓勵的觀點來看，如果我們能幫助眼前這個孩子在家庭及學校找到自己的容身之處，讓他們感覺自己有所貢獻，或許他們最終會對更大的共同體產生歸屬感及貢獻感，但是在這之前就提到全人類或宇宙是沒有什麼意義的。

此外，如果世上沒有普遍的「共通感」，所有人都只認同自我感覺的存在，也就是將所有的感覺都當成主觀的事實，世界就會變成無政府狀態。為了不致陷入這種混亂的情形，就必須擁有「共通感」；但如果就這樣以多數決定論的方式，直接將「共通感」視為「共同體意識」，也實在是太危險了。

因此，我認為應該用「善」或「幸福」這種雖然個人卻又並非自我中心的感覺做為判斷標準，取代「社會適應」或「共同體意識」這些指標。

這裡所謂的「善」是指有益或對人有幫助，其意義要比帶有區分意味的「正義」更為寬廣。因此，如果以「善」為判斷標準，就能思考社會適應或共同體意識是否真能帶給我們幸福，並得以避免被迫接受人為創造出來的價值觀的危險。

第四章

只有自己能夠決定自己

——阿德勒心理學的基礎源起

沒有人擁有完全相同的經歷，
我們都是依從自己的關注去了解和定義世界。
重要的不是你有些什麼，而是如何運用你所擁有的東西。
人在所有情境中都有選擇的可能性，
一切的經驗本身都不是成功或失敗的原因，
我們不必因為經驗受到打擊，因為我們不是由經驗所決定，
而是由我們給予經驗意義，最後來決定自己。

希臘哲學與阿德勒

為了讓大家了解為什麼要以「善」或「幸福」做為判斷標準，就必須以希臘哲學為線索，來探討阿德勒心理學的基本前提「認知論」（人只活在自我定義的世界）與探討「去處」的「目的論」。

這裡之所以會提到希臘哲學，是因為「目的論」或「因果論」這樣的概念並不是突然出現於阿德勒的時代，而是在希臘哲學中就已經被探討過，因此可以幫助我們了解阿德勒心理學的原理。

此外，在本章中也將探討，當我們不從因果論的角度，而是站在目的論的立場去看待人生時，將會對我們的生活方式形成什麼樣的意義。

柏拉圖——「真正原因」與「次要原因」

這裡之所以將「善」與「幸福」並列在一起是其來有自的，因為此處的「善」並不是指價值上的善，也就是不代表正義。

柏拉圖所著的《斐多篇》（*Phaedo*），對於目的論和因果論的差異有著確切說明。在這篇對話錄中登場的人物是蘇格拉底，他因遭指控不敬國家所奉的神（即奧林匹亞神族的十二個神）並且蠱惑青年，最後被判處死刑。但處決日期因故推遲了一個月，在這段期間，他的學生每天早晨都去獄中看他。

依照當時的慣例，如果願意賄賂獄卒一些小錢，蘇格拉底不是沒有機會逃亡海外，遠離雅典法律管轄區而免於一死，但蘇格拉底卻拒絕了學生們勸告他逃亡的提議，同時也說明了自己「為什麼」願意留在獄中。在這個時候，蘇格拉底自年輕時就一直關注的「自然法」[1]，已經無法為他留在獄中的「原因」提出足夠的解釋。

1　最早的希臘哲學家關心宇宙的基本物質組成、大自然及其循環變化，並脫離對神話的依賴，試圖為這一切找出合乎理性的解釋及其所隱含的自然法則。他們認為，自然界中每一件事的發生都有一個自然的原因，這個原因原本即存在於事物本身，因而被稱為「自然派哲學」。

蘇格拉底指出，根據自然法的理論，可能會如此說明他為何留在獄中的原因——

「我之所以現在坐在這裡，是因為我的身體是由骨頭和肌肉組成的。骨頭是堅固的，足以支持我的身體，而且有關節把骨頭連結起來；肌肉則是能夠伸縮的，然後皮和肉再一起包住骨頭，並且由整個皮囊來保持、維護這樣的功能與狀態。藉著骨頭各部分相互連結的地方，我們可以自由動作；肌肉的伸縮則讓我能彎曲雙腿，所以我現在坐在這裡。」（《斐多篇》98c-d）

但是對蘇格拉底來說，像這樣說明肉體的條件，並不足以解釋他留在這裡的理由。他更指出，如果不是他認為留在這裡等候處刑是好的、公正的，這些骨頭和肌肉早就已經在麥加拉或波奧底亞了。

蘇格拉底是這樣說明自己成為待罪之身的「原因」——

「雅典人認為判我罪是好的，因此我也認為在這裡坐著才是好的；我留在這裡接受雅典人給我的所有刑罰，才是更公正的事。」（《斐多篇》98e）蘇格拉底稱此為「真正意義的原因」。

蘇格拉底無法用肉體的條件來說明自己不願逃脫死刑而留在獄中的「原因」。確實，就如自然派學者所說的，如果不具備肉體的條件，他是無法留在獄中的，但那自始至終都只是「次要原因」。「如果沒有它」，原因就「不能」發揮應有的作用，但它只是必要條件（sine qua non），而不是「真正原因」。

「真正原因」是「善」，也就是蘇格拉底認為留在獄中才是「好的」；但如果他認為逃亡海外才是「好的」，即使條件完全相同，他也會馬上離開那裡。

亞里斯多德──「四因說」

從亞里斯多德的角度來看，蘇格拉底選擇就死的事件會成為接下來所陳述的情況。柏拉圖只會將之分為「真正原因」與「次要原因」，但亞里斯多德則會從「四因說」的角度去探討，這可以用雕刻為例。

首先，如果沒有青銅、大理石及黏土，雕像就不可能存在；這時，青銅、大理石及黏土等就是雕像的「物質因」（Material Cause）。其次，製作雕像需要雕塑家，他就是「動力因」（Efficient Cause）。第三個因素是「形式因」（Formal Cause），因為雕塑一尊雕像需要參考的對象，可以是人、也可以是東西；即使沒有具體的參考目標，在雕塑家腦中也一定有某種想要創作的形象，這些都是「形式因」。

亞里斯多德更提出了以上三個原因之外的「目的因」（Final Cause）。雕刻的素材在自然界隨手可得，世上也有很多滿懷創意的雕塑家，但如果一開始雕塑家就不存在製作雕像的願望，這個雕像就不會存在。因為雕塑家是為了某種目的，像是自己的樂趣或賺取金錢，才會去創作這座雕像。

而前面提過的蘇格拉底留在獄中的「真正原因」，就是亞里斯多德所說的「目的因」。從這個例子可以明白，並不是肉體的存在將蘇格拉底留在獄中，「真正原因」是「善」，也就是他認為留在獄中才是「好的」，這才是蘇格拉底行為的「目的」。

阿德勒──孩子被寵壞是「結果」還是「目的」？

阿德勒在詢問「為什麼」有某種行為時，也會使用「原因」這個名詞，但他也曾特別提到，此時這個名詞的意義並非是指「嚴密物理學、科學意義的因果論」（《兒童的人格教育》）。阿德勒所說的「原因」，相當於柏拉圖所說的「真正原因」，也就是亞里斯多德所說的「目的因」。

例如有一個被寵壞的孩子，但我們不能說那個孩子被寵壞的原因是出自母親。母親確實是亞里斯多德所說的「動力因」，因為如果沒有一個溺愛的母親，就不會有被寵壞的孩子。

然而，難道被那位母親所養育的孩子，每一個都會被寵壞嗎？這就不一定了。孩子之所以會被寵壞，從柏拉圖的論點來看，必須是孩子自己認為被寵壞是「好的」，才會造成這樣的結果。而從阿德勒的論點來看，孩子變得被寵壞的目的，會因各人的「創造力」而有不同，但造成他做出這種選擇或行為的特定事件或外在因素，都只是「次要原因」（影響因素），而不是「真正原因」（決定因素）。

因此，在這種情況下，不是父母的溺愛促使孩子做出某種行為，而是孩子判斷父母的溺愛對自己有利，而利用父母的行為來達成自己的目的。

行為目的之「善」

在希臘語中，「善」的意義是指「有益處」

當目的是這樣被創造出來的時候，就不可能會違反我們的利益。蘇格拉底雖然將留在獄中這件事判斷成是「好的」，但是在希臘語中，「好」或「善」的意義並非是帶有道德意味的「正義」，而是「有益處」。相反地，「惡」也不是「不正」的意思，而是指「沒有益處」。

蘇格拉底曾提出一項悖論（Paradox），就是「無人自願為惡」（柏拉圖，《對話錄》78b）；反過來說，就是所有人都自願為善。之所以會說這是悖論，是因為世上明明有人是自願為惡的，這才是一般的認知。

就拿正義來說，做出正義行為的人說不定是被迫或不得已的，他並不是自願成為正義之人。因此，一旦出現某個不為人知的機會，讓他可以做出不正的行為，他或許就會選擇這麼做。

從這個角度去思考，「無人自願為惡」這句話的意義，其實是指誰都不願意做對自己無益的事，誰都不想要不幸、誰都想要幸福。因此，這只是指出人都想追求善，也就是幸福，所以不能說它是悖論。

然而，什麼是善，又是什麼才能使人幸福呢？這會因人而異出現不同的意見，而每個人為了得到幸福所選擇的手段也都不一樣。

蘇格拉底是這麼說的：

「真正重要的不是活著，而是活得好。」（柏拉圖，《克里托篇》48b）

「好」在這篇對話錄中所代表的意義是「美」或「正義」，蘇格拉底就曾自問：「如果不事先獲得雅典人的同意而擅自離開這裡，那是正義的、還是不正義的呢？」

雖然對蘇格拉底來說，「善」代表著「美」或「正義」，但如果「善」不具有道德上的意義，不正也有可能是善。

因此，阿德勒稱之為「素材」的遺傳、環境、器官自卑性及過去的經驗等，都可以出於目的——也就是做為對我們有益的東西，而被拿來利用。

此外，阿德勒認為共同體意識、橫向關係、協助及貢獻都能幫助我們「活得好」，因此建議我們選擇這些行為。理論上，如果我們能夠區分出什麼是「善」，就能判斷當前在各種情況下正要進行或準備進行的事是否有益於達成目的（＝善），也可以迅速避免「被迫去認同做為常識的共同體意識」這樣的危險。

不能無視於狀況，便決定什麼是「絕對的價值」

柏拉圖在《理想國》中曾有這麼一段敘述——

「談到正義或美，大多數人都寧可選擇被認同為『正義』或『美』的東西，即使那些東西事實上並非如此，但他們還是寧可做被認同的事、擁有被認同的東西，只要別人認為那是『正義』或『美』的就好。然而一旦換成『好的』東西，就沒有任何人可以忍受自己所擁有的東西『只是被認同的好』，而會去追求『事實上的好』，個別意見在這樣的情況下是毫無價值的。」

其他事情姑且不論，對於「好的」，也就是「幸福、對自己有益」的事，無論別人認為那個人有多幸福，如果他實際上是不幸福的，那麼其他人的意見就一點價值也沒有。

古希臘哲學家普羅泰戈拉（Protagoras）有一句名言：「人是萬物的尺度，是存在者存在的尺度，也是不存在者不存在的尺度。」按照這個想法，所有的事物都會因每個人的各自觀點（doxa）而被決定為「善」或「惡」。

但是，事實上真的是如此嗎？

的確，像我們吃某個食物時，每個人對苦甜等味道的判斷感受或許各有差異，但是，如果要說那個食物是不是好的（無害或對健康有益），就和個別的觀點無關了。如果要用這個情況做為例子——假設我們真的有絕對的標準可以決定某個食物是否無害，難道就能因此認定生活方式也同樣存在著「最好的」這種絕對標準嗎？阿德勒絕對會說不。

阿德勒刻意採用「假設」這樣的說法，是要我們不能無視於狀況，便決定什麼是「絕對的價值」。什麼是善、什麼是惡，都必須視狀況逐次由當事者們共同決定。

因此，我認為我們必須要認真思考阿德勒所說「共同體意識」的實質內涵，不能讓它凌駕於阿德勒心理學的基礎之上，否則將會是很危險的事。

人只活在自我定義的世界

人都是依從自己的關心去了解世界

從阿德勒心理學的基本立場來說，沒有人擁有完全相同的經歷，人都是依從自己的關心去了解這個世界。

我曾經有過這樣的經驗。某天，我和兒子一起到住家附近的餐廳吃飯，在入口處等候帶位，一位年輕的女服務生看見我和兒子之後，問道：

「請問是一個人嗎？」

那天是非假日，我推測她可能認為非假日的白天不會有男性帶著孩子來用餐[2]，因此我一定是單獨用餐，即使她看到我們兩個人一起（可能她不認為我們是一起的），她還是把我兒子從她的世界裡排除了。

明明是兩個人，卻被問：「請問是一個人嗎？」我們當時一定露出了不愉快的表情，對方察覺到自己說錯話了，這次換了另一個說法。

「請問是三個人嗎？」

這次她的理論可能是——原來這兩個人是父子，這樣的話，那就必須再存在一個人。對，如果母親也在，我就允許這對父子存在於我的世界裡吧！那母親在哪兒呢？對了，她一定還在外面研究菜單，或者她剛好去上洗手間待會兒才過來……如果是這樣的話，我就允許。

阿德勒則舉了下面這個例子。假設他把梯子搬進教室，然後爬上梯子來到黑板上方的高度，才在梯子上坐著。相信每個看見這景況的人都會說「阿德勒老師好奇怪」吧？因為他們不知道他為什麼要把梯子搬進教室、為什麼要爬上去，又為什麼要用不安穩的姿態坐在上面。但如果他們知道，「阿德勒老師若不爬得比別人高，就會認為自己輸了，所以他必須坐到黑板上方，只有俯視整個教室才能讓他安心」，或許他們就不會覺得那麼奇怪了（《自卑與超越》〔*What Life Should Mean to You*〕）。

2 當然，如果實際上詢問本人，她說不是的話，那就是我的理解有誤。

前述那位女服務生對世界的看法、或是坐在黑板上方的阿德勒對世界的看法，都不能說是不正確的。無論哪一種，都是那個人所構築的現實。「因此，他也無法去思考遠離這項意義的客觀的現實。」

每個人私自的感受，並沒有對錯之分

某天，我兒子突然對我說：「我的身高比一年前更高，而且也變得比爸爸高，所以爸爸變矮了。」頓時讓我驚訝萬分。這句話不能被斥為童言無忌，因為如果是柏拉圖，他一定會清楚地回答，我的身高並非一成不變，而是「實際地」出現變化了，也就是變小了。這裡的意思是指，我的身高是一五五公分（和阿德勒差不多），但一五五公分這個數值本身並不代表它只有「大（或小）」、「高（或矮）」某種絕對不變的意義。

同樣地，就像都是十八度的井水，在夏天會讓人覺得冰、冬天卻讓人覺得溫一樣，難道完全只是主觀的感覺，溫度「真的」沒有改變嗎？如果有人問，從夏天到冬天，井水真的變溫了嗎？我們完全都不能回答「是」嗎？

以上兩個例子或許有些太奇特了，但如果舉貨幣價值為例，就可以了解得更清楚。例如，十年前的五百元與現在的五百元，價值相同還是不同？如果有人回答既然金額一樣，那麼十年前和現在的價值都是一樣，這個人一定會被說是沒有常識。因為我們都知道，十年前用五百元可以買到的東西，現在絕對買不到了[3]。

按照這樣的思考模式，「私人感受的世界是由個人所構成」，代表著這確實只是一種假設；但如果就此設定還有另外一個擁有絕對基準的世界，並且認為只有它才是真實的，也實在沒有必要。如果我們覺得有人認為井水明不冰，它「真的」有十八度是件好笑的事（如果只是覺得好笑就沒問題），那我們就必須承認，被迫認同某種人造的價值觀——例如「你的看法完全是個人的」（＝私人感覺），「你最好和大家有相同的想法比較好」（＝共通

[3] 此處所引用的身高、井水溫度及貨幣的例子，是參考藤澤令夫所著的《世界觀與哲學的基本問題》。柏拉圖在《泰阿泰德篇》中是這麼說的：老年的蘇格拉底和一個名叫泰阿泰德的年輕人比身高，當時雖然蘇格拉底比較高，但因為泰阿泰德還在成長期，所以一年後，蘇格拉底就變小了。關於蘇格拉底的身高，從一方面來看並沒有改變，從另一方面來看卻又變矮了。藤澤提到，柏拉圖看了記述之後，毫不猶豫地下了結論：「蘇格拉底的身高絕不是沒有改變，實際上是變了，變得更矮了。」他認為沒有任何一個東西是和所有條件都無關的。

感），或是「你的行為很不像什麼」——是一種極度危險的情況。因為前面已經提過，共通感也可能完全是錯誤的。

因此，在每個情境中都各自擁有私人感覺的同志們，應該要找到共通的語言，同時找出「更好」的生存方式。

有用的鼓勵，要存在於對方構築的現實中

關於鼓勵的部分，已在第二章談過，我們同時也明白，沒有什麼話語可以在所有場合對所有人都產生適當的鼓勵。我們只能問自己：「現在我說的話給予人家鼓勵了嗎？」以對方的反應來確認每個場合該說什麼話才能鼓勵他人。有時候，反而是一些意想不到的話語，才能給予他人鼓勵，因為鼓勵只有存在於對方所構築的現實中，才會具有意義。

大江健三郎曾在書中寫到，他們全家一起去「四國森林之村」探親後回

東京的那天，他的女兒在回程的飛機上一直很在意一件事（大江健三郎，《康復的家庭》），就是他兒子小光在離開奶奶家時，對奶奶大聲地喊道：「奶奶加油，一定要死得明白哦！」

奶奶也大聲地回答他：

「好，奶奶會加油，然後努力死得明白的！不過，小光，奶奶真的很捨不得啊！」

後來，幸好奶奶康復了，隔了一段時間，她跟大江健三郎說：

「我完全沒想到，在我生病時最能鼓勵我的，竟然是小光最初的那句話。奶奶加油，一定要死得明白哦！想到小光當時說這句話的語氣，我就不禁產生了勇氣。或許就是託那句話的福，我才又活了過來。」

每次我只要說到鼓勵這個話題，就會想到這句話。

反對「決定論」

自卑情結是逃避人生課題的藉口

在前面的章節中，我將因果論比作「來處」，將目的論比作「去處」，但這並不表示原因存在於過去，而目的存在於未來。因為目的只是個人的想像與藍圖，不是現實的東西，所以阿德勒用「假設」來形容目的，但就連原因在客觀上也同樣是不存在的。

阿德勒認為，人生有無法逃避的課題，像是工作的課題、交友的課題和愛的課題。在面對人生的課題時需要努力與忍耐，但我們經常會認為自己沒有解決這些課題的能力，進而打算加以逃避。

阿德勒有時會用自卑情結來代表強烈的自卑感，如果我們經常在日常生活的溝通中使用「因為A（或沒有A），所以不能B」這樣的句子，就代表我們有自卑情結。阿德勒曾舉沉迷撲克牌遊戲的孩子為例（《兒童的人格教育》）——以現在來說，就是沉迷於電玩的孩子。阿德勒認為，這些孩子會說因為電玩太好玩了，所以他們沒辦法用功念書；而年紀輕輕就結婚的青年，也會使用同樣的理由，把人生所有的不順都歸咎於婚姻。

自卑情結並非只是存在於心中的現象，它除了是人際關係中的溝通模式，也是用來逃避人生課題的藉口。這些藉口大多會讓周遭的人認為，既然是這樣的理由，也就沒辦法了。當然，這種藉口除了能欺瞞他人，同時也能欺瞞自己，阿德勒將之稱為「人生的謊言」（《個體心理學的實踐與理論》）。

我們無法從社會條件去論斷一個人

在面對人生課題時採取「猶豫態度」（這是阿德勒喜用的說法，可見於《個體心理學的實踐與理論》）的這種人，他們的論調在如今似已成為普遍的常態。只要順從這樣的理念，現在的生存方式就會被過去及外在的因素所決定，因此除了現在的自己，也不可能有其他的生存方式。

假使因果論的立場確定了，「除了現在的生存方式，不可能有其他生存方式」這樣的決定論就不得不成立。為什麼會如此？阿德勒又為什麼反對決定論呢？我們可以從下面的例子來思考。

關於波希戰爭的英雄帝米斯托克力（Themistocles），曾有過一個傳說（柏拉圖，《理想國》）。一個小國的人民質疑帝米斯托克力的偉大，說你能獲得今日的名聲，並不是因為自己的能力，而只是你剛好生在雅典這樣的國家罷了。

帝米斯托克力則回答他，你說的沒錯，或許我生在你的國家，就不會獲得今日的名聲，但這也不代表你生在雅典，就能獲得和我一樣的名聲。

我們無法從社會條件去論斷一個人。也就是說，我們不能單從這個人的社會條件，或是生長環境、出生順序來對他做出詮釋——這些只是「影響因素」（柏拉圖稱為「次要原因」），而不是「決定因素」（真正原因）。

一切由自己決定

既然生而為人，就永遠都有其他的生存方式

那麼，什麼才能決定？

和阿德勒一起工作過一段時間的奧地利神經學家維克多・弗蘭克（Viktor Emil Frankl）說過以下這段話（《超越宿命，超越自己》〔*Im Anfang war der Sinn*〕）。決定自己的是自己，而不是環境、教育或素質。既然生而為人，就沒有「除了現在的生存方式，沒有其他生存方式」這種事；既然生而為人，就永遠都有其他的生存方式——這也是阿德勒一直想告訴我們的。

弗蘭克曾經引用一個案例，讓我們看出阿德勒的思想是如何被理解的。那個患者對弗蘭克這麼說：「請不要對我有所期待，我就是阿德勒說的典型獨生子性格。」

弗蘭克認為像該名病患這樣的人，已經忘記了人是可以超越自己的。與其說弗蘭克的立場與阿德勒不同，他為阿德勒的思想被誤解為決定論而提出例證，才是更耐人尋味的地方。

實際上，阿德勒不斷地提醒人們，像這樣將獨生子女定義為某種性格，也就是將人分類是一件危險的事。阿德勒確實也對人做出了分類，但他的分類只是「藉由個體的相似性，增加對自我理解」的知識性手段（《個體心理學的實踐與理論》）。阿德勒心理學不是「通則式」（nomothetic），而是「個殊式」（idiographic）的，因為世上不會有相同的兩個人，我們必須從這樣的視角去理解人的行動。

弗蘭克在他的書中明確表達「反」決定論的立場，這確實值得探究。他曾直接指出「創傷後遺症這個想法的舉證十分薄弱」，在現今這個將「心靈創傷」（trauma）視為問題的時代，我們都有必要重新去思考阿德勒的見解。

人在所有情境中都有選擇的可能性

關於親子教育，我們不能認為孩子沒有改善的餘地，即使在最糟的狀態下，我們還是可以找到接觸孩子的方法、也必須找到。這是阿德勒的想法（《兒童的人格教育》），而其理論根據就是與因果論對立的目的論。

例如，有人提出遺傳的論點來證明自己的能力有其界限，基本上，在他這樣主張時，就已經可以從中發現逃避人生課題的徵兆。這個人提及遺傳或父母至今對他的教育方式，並藉此批判自己現在的生存方式，阿德勒將這種行為稱做是「因果關係的誇示」（semblance of causality, scheinbare Kausalität,《生命的意義》〔*Der Sinn des Lebens*〕）。

這裡的意思是指，在實際上毫無因果關係的地方，硬是去找出因果關係。這麼做的目的則是要轉嫁自我行為的責任，將自己現今會變得如此歸咎於遺傳、父母的教育方式或環境等因素之上。

阿德勒舉了一隻被車撞到的狗為例（《生命的意義》）。這隻狗被訓練走路時必須跟在主人身邊，有一天牠被車子撞了，這場車禍完全是牠自己疏忽造成的，但狗卻不這麼想，牠開始害怕「那個地方」，從此以後絕對不再靠近那裡。阿德勒說，神經質的人也跟那隻狗一樣，他們為了不失去面子，就硬將某件事當成自己無法面對人生課題的原因。借用阿德勒的話，這些人認為「會發生事故是場地的關係，絕不是因為自己的疏忽及缺乏經驗」。然後，危險就（永遠）在那個地方恐嚇那隻狗，這個想法也絕對不會被放棄。

阿德勒在其他地方也提過，「當這個人坦承自己的自卑情結的瞬間，就是在暗示有其他原因造成他生活上的困難或其他狀況。也許是父母及家庭、沒有受到足夠的教育，或是某種事故、阻礙、壓抑等。」（《個體心理學的實踐與理論》）只要有心，就不怕找不到「原因」。像這樣將某件事當成原因、並藉此解釋自己的現況，甚至是站在決定論成立基點的因果論立場，還有可能進行教育及治療嗎？這是值得深思的一點。

創傷後遺症（PTSD）及小大人症候群（Adult Children）[4]的共通點是：會出現強烈的憂鬱、不安、失眠、惡夢、恐懼、無力感及顫抖等症狀；過往精神或肉體上遭受的痛苦、家人的拒絕及虐待等外在因素，都會「讓心靈受傷」，而引起發作。

這種想法否定了人在所有情境中都有選擇的可能性，並且認為人只是面對外界的刺激做出反應而已。阿德勒認為，心靈創傷不一定非得是心靈創傷不可（《自卑與超越》），所有的經驗本身都不是成功或失敗的原因，我們不必因為經驗受到打擊，因為我們不是由經驗所決定，而是由我們給予經驗意義，最後來決定自己。

因此，如果我們將某個經驗視為創傷，它就只能是創傷。如果某個經驗帶給人的影響完全相同，而人也不能選擇除了那種生存方式以外的做法，我們就根本不可能藉由教育及治療的引導來改變人們的生存方式了。

因此，從這裡可以看出，決定論就是阿德勒所說的自卑情結。

4　小大人是指童年時期在酗酒、賭博或其他功能缺失的家庭中度過，長大成人後仍無法擺脫昔日陰影而對其心理狀態和自我認同造成負面影響的個人。

個人的主體性

個人的解釋和運用，才是決定性的關鍵

就阿德勒心理學的立場而言，因果論是無法成立的。一件事發生了，然後由於體驗了那件事，就變成引發問題的原因，這是很難理解的。反而更有可能是之前一直被隱藏起來的生活型態，因為某些體驗，像是進入學校，而變得明確、清晰起來。

此外，關於青春期的問題，阿德勒認為不是青春期改變了孩子，這只是一種讓過去形成的個性變得更加鮮明的「全新狀況」（《兒童的人格教育》）。

就算在相同的環境中長大，兩個孩子也不會變得完全一樣。出生順序確實有很大的影響，但如何解釋這個環境，才是決定孩子成長的關鍵力量。

和因果論相反的是，阿德勒認為，在廣泛意義下所謂的精神機能，也就

是感情・心・性格・生活型態・疾病・過去的經驗・理性・思考等，都是可供個人使用的，絕不是倒反過來。我們不是被這些東西所支配，而是在特定的某種目的之下使用它們[5]。

因此，就如自卑情結的狀況，A被當成做不到B的原因，但A並不具備支配人的力量，而是身為整體的我，在任意的時間點，選擇了A當成做不到B的藉口。關於利用過去經驗，之前談心靈創傷時已經討論過——心靈創傷被當成逃避人生課題的藉口，而這個藉口則被稱為「人生的謊言」。

不是做不到（cannot），而是不想做（will not）

在希臘哲學中，人生是否存在著akrasia或akrateia（無自制力、意志薄弱）這樣的狀態，是很重要的一個哲學主題。這裡的意思是說，人是否會因意志薄弱這樣的理由，明知某件事是善（如前面提及是對自己有益的）卻無法執

5 關於個人主體性的論述，其參考根據為野田俊作所著《阿德勒心理學派》中論及的「個人的主體性」（第一一卷第三號、1998年）。

行；或明知某件事是惡（對自己無益）卻還是執行。或像是之前討論情緒時曾提過的例子，平常總是保持理性的人，卻在某個時間點「忽然生氣」地大吼大叫，甚至使用暴力。

但阿德勒並不承認akrasia，也就是這種被感情支配、明知不好卻還是做了的情況。同時，他也不承認人會因為選擇太多，而陷入猶豫不決、無法決定的糾結狀態。明知某種行為A對自己有益卻不去做，並不是因為我們知道A對自己有益卻不做，而是我們判斷另一種行為B在那個時間點對自己才是有益的。

如果任意的時間點是t_1，知道某件事為善是「知（t_1）」，這個「知（t_1）」被其他任意時間點的「知（t_2）」給取代了，是因為「我」判斷「知（t_2）」比「知（t_1）」對自己有益。

因為是身為整體的「我」決定要不要做某件事，因此不可能出現「內心部分想做，但別的部分卻不想做」這種荒謬的情況。明明知道卻做不到，事實上並不是做不到（cannot），而是不想做（will not）。

從選擇某個行為的那一刻開始，那項選擇的責任就落在當事人身上，從這個意義來看，阿德勒心理學對責任的追究可說是非常嚴格的。但相對地，即使可能出錯，也只有承認選擇的自由，才有可能打開教育及治療的道路。

Alfred Adler

誰都不能代替你過自己的人生，也不能代替你解決問題。
當事情發生時，我們無法將責任推給他人、經驗或才能。
但也因為這樣，我們才有活著的目的，
如果一切都已經被決定，我們連做什麼的餘地都沒有，
一旦不幸降臨了，我們就只能等在那裡束手無策；
當我們知道人生是自己創造的，自己才是人生的主角，
就必須學習自己採取行動，讓改變就此發生。

第五章

人生，就是對自己負責

——阿德勒心理學的人生行動指標

從前幾章一直看到現在，我們可以知道在面對人生的問題時，阿德勒心理學的態度是非常嚴格的。

無論是以前或現在，要接受「所有發生的事都是自己的責任」這樣的想法，真的很不容易。誰都不能代替自己過自己的人生，也不能在不順利時代替自己解決問題。當事情發生時，除了責備自己之外，不能將責任推給外在因素，或是過去的經歷、自己的才能等。

但是，也因為這樣我們才有活著的目的。如果一切都已經被決定，我們連做什麼的餘地都沒有；一旦不幸（或我們覺得不幸的事態）降臨了，我們就只能等在那裡束手無策。當我們知道事實不是如此，人生是自己創造的，我們才是自己人生的主角，就必須學習自己採取行動。

本章除了帶大家回顧前面提過的內容，也會和大家一起思考該抱持什麼樣的指標活下去。

人生的意義，要靠自己給予

有人問阿德勒：

「人生的意義是什麼？」

阿德勒這麼回答——

「一般來說，人生是沒有意義的。人生的意義要靠自己給予。」

我的母親因腦中風在四十九歲時過世，那時我雖然已經成年了，但母親的口頭禪卻仍是：「等孩子們都大了之後，我要去旅行。」

實際上，在我的記憶裡，父親和母親只有在我上小學時兩個人去過東京旅行。我想，他們是認為只有孩子成年獨立之後，才終於能夠開始自己的人生吧！

但是，母親卻因為腦中風變得半身不遂，她的人生從這時起就等於失去了意義。

當母親慢慢理解自己的處境，她開始恐慌起來；當她知道我和父親沒有詢問她的意見就私下討論往後的安排，她更是幾近暴怒。因為我們知道實際情況要比母親所想的惡劣許多，為了怕她知道了會更不安、更沮喪，所以我們並沒有告訴她真相。但是事後回想起來，母親有權利知道自己的病況，因為我們後來才明白，知道真相之後要如何接受是母親的課題，不是我和父親的課題。

後來，躺在床上幾乎不能動彈的母親，突然提出要從頭學習以前學過的德語，我就從字母開始教她。到後來她逐漸意識不清，實在沒辦法繼續下去，她又說要讀她之前一直想讀的書，我於是在她的床邊唸杜斯妥也夫斯基的《卡拉馬助夫兄弟們》給她聽。

最後，她陷入了昏迷，我在她身旁什麼也不能做，我開始思考：

「人類的幸福到底是什麼呢？像這樣不能動、又幾乎失去意識，這種時候人還能找到活下去的意義嗎？」

我就在母親的床邊每天思考著這件事。在動都不能動的時候，不管是金錢或名譽都沒有任何幫助，這些東西完全無法帶給人生意義。既然連意識都不清了，健康在這時對人生而言也已經無關緊要。在面對母親去世的過程中，我才初次理解到所有外在的物質，對人生的意義或幸福來說，終究都沒有任何價值。

選擇研究者做為人生目標的我，雖然早已經放棄金錢，卻仍然想要獲得名譽。

但是，當我們處於母親那樣的狀況時，這些東西都會變得毫無用處。母親的人生意義已經底定，而我也必須開始尋找自己人生的意義。

為了照顧母親，我有好幾個月都沒去大學上課，在母親過世後，我又重回校園，但這時的我已經和從前不一樣了。

即使被討厭，也要自由地活下去

在學習鼓勵時，可以發現有許多人十分在乎自己是否得到鼓勵——「為什麼不鼓勵我呢？我明明一直這麼鼓勵你。」但是，就我們的人生而言，並不需要去在意是否從他人那裡獲得回應、或他人對自己是什麼觀感。

如果太過在意他人的觀感，就會被迫過著非常不自由的生活，因為那樣就必須不停地配合別人。

當然，這並不是指要完全不在乎別人，而是如果總是太在意別人對自己的觀感，希望不被討厭、希望被喜歡，最後或許真能獲得所有人的好感，但這樣假裝自己去討好所有人，自己的人生就會沒有方向，也會給人無法信任的感覺。

不得不說，這樣的人真的活得很不自由。生命中沒有敵人，就代表無時無刻都必須配合別人，自然活得非常不自由。

真實的狀況是，不管做什麼都會有人不喜歡自己。以十人來說，至少會有一個人不喜歡自己，你討厭他，他也討厭你。十人當中則有兩人會完全接納你，你也對對方抱持好感。剩下的七人又是怎麼樣呢？他們會隨著狀況改變態度。我們需要在意的只有那兩個人，其他人則沒有必要為了他們煩心，消耗自己的能量。

話雖如此，但我們還有工作上的往來，很多人會把工作上的人際關係視為朋友關係，但往後大家不一定都會永遠待在相同的職場，因此工作上的往來不同於朋友關係，只是為了完成工作這個有限的目的而暫時連結在一起。如果能以這種角度看待工作上的人際關係，想必大家未來在職場上的相處方式也會改變。當然，這並不是說離開工作場合之後就連朋友都沒必要當，但如果能將工作與交友區分開來，對自己比較有益。

當世上存在著不喜歡我們的人，才代表我們是自由地活著，更代表我們貫徹了自己的生活方式；同時，那也是我們遵循自我方針生活的證據，更是自由生活不得不付出的代價。

如果要我選擇「誰都喜歡我」或「有人不喜歡我」，我寧願選擇後者。即使有人討厭我，我也要自由地活下去。

不害怕失敗，才能真正向前邁進

像這樣在意別人對自己的觀感，就會錯失掉可以行動的機會。自己覺得「善」的行為，別人要怎麼想那是別人的課題，盡量不要被他人的想法干擾，自由地行動。

我在大學裡教希臘語，每年選修的學生都很少，最多的時候只有五位，少的時候甚至只有一位。不過，不愧是有勇氣特地來學習西元前五世紀語言的，這些學生個個都十分優秀，但還是有人在學習希臘語時遭受挫折。這些在至今的人生中被公認為非常傑出的學生，第一次在我的課堂上嚐到看不懂、聽不懂的滋味。

於是，當我要他們將希臘語翻譯成日文時，有時會遇到完全沒有回應的情況。有一天，我詢問他們——

「你們知道自己為什麼不回答嗎？」

有位學生這麼回答：「我怕要是回答，結果答案錯了，老師會認為我的程度不好，但我不希望老師這麼想。不回答的話，說不定老師會以為我只有這個問題不會，其實程度還是很好的。」

原來，他們是想讓老師在心目中保留住「自己是優秀學生」的可能性。

知道原因後，我請他們不要有那樣的想法，因為希臘語本來就不是簡單的語言，不懂是理所當然的，希望他們不要害怕失敗。如果不知道學生們錯在哪裡，身為老師的我就不知道他們哪裡不懂，也沒辦法檢討自己的教學方式是不是有問題，所以不管怎麼樣都請他們試著回答。果然從下一堂課開始，他們就變得踴躍發言了。

就像我們如果對不愛讀書的孩子說：「只要你想做就做得到，為什麼不做？」他們就絕對不會照做一樣，這些孩子會想在大人心目中留下「只要想做就做得到」的可能性，因此會害怕面對一旦真的用功卻依然成績不好的現實[1]。

知道自己想要什麼，不為滿足他人的期望而活

我們一直以為，我們不能只考慮自己的事，也必須能為其他人著想。然而，我們其實很難在生命中做到這一點，甚至能不能不任性而為都有點難度，這也是我們必須思考的。

有人想去探訪一位住院的朋友，卻不知道應該怎麼做，所以去做了諮商。他的那位朋友似乎是癌症末期，但本人卻沒有被告知，他很擔心自己去探病，朋友一看到他的表情就會知道自己病得很嚴重，所以不知道如何是好。

他詢問的那位諮商師是這麼回答的。

「探病不需要理由，你想去就去，去了之後，如果對方不高興，你就離開。如果住院的是你，朋友卻抱著『看你無聊所以特地來看你』的想法前來探訪，你還會想再和這種人來往嗎？但如果這個朋友一聽到你住院，什麼都沒想就來了，這樣的朋友才值得結交。」

我非常認同這位諮商師的意見。或許一聽到朋友住院就跑去探病是件莽撞的事，但是莽撞歸莽撞，如果朋友因為自己去探病而開心，自己也算是有了貢獻，反正對方不高興的話，再離開就好。若是自己的想法和他人有所衝突，只要做好調整即可。

人終究只會以自己為中心過生活，我們不需要否認這樣的想法，反而那些口口聲聲為了你好的人，我們才需要懷疑他們的動機。同時，我們也要經常省思自己真正想要的東西是什麼。

1 在完成課題的過程中，一旦遇到困難就選擇逃避的生活型態，阿德勒用「不是零分就是一百分」來形容（《兒童的人格教育》），如果不確定能成功，他們從一開始就不會挑戰。

所有的「自由」，都伴隨著相對而來的「責任」

有人說過這樣的一個小故事。跳蚤總是自由地到處亂跳，但如果將這隻跳蚤關進瓶子裡，會發生什麼事？瓶子裡的跳蚤就沒辦法隨心所欲地跳，牠跳躍的空間受到了侷限。等隔了一陣子之後，再把瓶蓋打開、將跳蚤放出來，恢復自由的跳蚤又會變得怎麼樣呢？牠已經無法再像從前自由時想怎麼跳就怎麼跳；即使被放出來了，牠還是像沒離開瓶子裡一樣，就算沒了侷限，卻仍然活在侷限之中。

我們就像那隻跳蚤，其實身邊並沒有任何的限制，所以就盡情高飛、自由地活著吧！

我家裡養了孔雀魚，剛出生的小孔雀魚一直待在水族箱裡固定的地方，從來不曾游到別處去。我總是輕聲地對牠說，這個水族箱很大、很寬廣，你可以游到更多地方去哦！但是小孔雀魚當然聽不懂。後來牠長大了，有天水族箱裡其他的大魚忽然攻擊牠，牠為了保護自己的生命，就這樣跨過了牠所認為的世界盡頭。當我看到牠突破侷限的那一刻，不禁暗自在心裡為牠喝采。

《天地一沙鷗》的作者李察．巴哈，曾在他的另一本書裡問道：「你現在幸福嗎？正在做自己真正想做的事嗎？」（《愛在永恆的雙翼》〔*The Bridge Across Forever*〕）就像前面提過的，人人都可以任性而活。然而，如果每個人都隨心所欲地生活，就無可避免會出現混亂。雖然每個人都有權利自由生活，但這樣會讓大家難以一起生存，這時我們就必須做出調整、或是得在某種程度上控制自己的任性，相互退讓。有了這樣的共通感與默契之後，我們才能脫離虛假的「玻璃殼」，真正突破侷限地自由生活，做自己人生的主人。

儘管如此，阿德勒心理學告訴我們，世上並不存在完全的自由，所有的自由一定都伴隨著相對而來的「責任」。我有一個學生，在讀高中時曾和父親有過一段談話。當時她的父親非常擔心她的未來，卻一直無視她的意願，不斷指示女兒去念哪所大學、哪所大學不能考。剛開始她總是默默忍耐聽父親說教，但有一天她終於受不了了。

我問她那時對父親說了什麼，她說：

「我和父親說，這是我的人生，所以我希望可以自己做決定。然後我問父親，如果我聽從父親的意見去念了那所大學，四年後我卻後悔了，我可能會恨父親一輩子，這樣也沒關係嗎？」

她的父親聽完後一句話都沒有說，後來她也如願去上了自己想念的大學。想要自由，就必須承擔隨之而來的責任。她選擇了自己的志願，無論之後結果如何，她都必須承擔，因為她沒辦法再將責任推到父母身上。

鴿子在天空飛翔時，並不是飛在無物的真空之中，其間還有空氣及氣流。那些看似妨礙牠飛行的空氣，卻是支撐牠升空的力量。什麼都沒有的地方，是沒有自由的；有抵抗，才有自由的存在。

自己想做的事完全無人反對，眾人還舉雙手贊成，這樣的情況其實是少數。因此，當我們做出選擇卻遭到反對時，要這麼想：

我想過這樣的生活，即使父母反對，那也是我為了堅守自由而不得不承擔的責任。我做我想做的事，周遭的人如果贊同，那是我的幸運，但遇到反對的狀況一定比較多；我過我想過的生活，但不要強求周遭的人認同我的人生選擇。

不要用「人生的謊言」來逃避自己的課題

想要堅持想法或是主張自己的權利，就要有承擔相對責任的覺悟；而主張權利後發生的一切事情，也是自己所做的行為導致的結果。當討厭自己的人出現了，自己也必須接受，還要有承擔風險的勇氣。

某天，我在搭地鐵時突然不舒服，就在最近的一站下了車。因為好像是吃壞了肚子，好不容易衝到廁所處理了之後，才終於鬆了一口氣。正當我要走出隔間，一件尷尬的事發生了。好幾個女孩子忽然說著話走了進來，我以為是自己剛才太急走錯了廁所，結果那幾個女孩子就在裡面邊抽煙邊說起主管的壞話，我開始擔心自己上班要來不及了。

這時，一位老先生走了進來。

「妳們一直在這裡聊天，害我以為自己剛才走錯廁所了。」

原來這是間男女共用的廁所。那幾個女孩子連忙道歉，之後就離開了。

我好不容易走出隔間，正在洗手時，我和那位老先生同時注意到有人把傘忘在洗臉台上。

「一定是剛才那幾個女孩子掉的傘，你趕快追上去把傘還給她們！」

「啊？可是我剛才沒有看見她們的臉，而且就算現在追過去也……」

「哎！好了，我自己拿過去！」

說完，那位老先生就拿著傘衝出去了。

「喂——！妳們忘了拿傘了！」

那位老先生很有勇氣，我沒有。我找了藉口，逃避了自己被賦予的課題

——也就是把傘送還給那些女孩。

責任的英文是responsibility，其中也有「應對能力」的意思。當我被吩咐將傘送還給那些女孩時，我不應該逃避這個課題，而是要負起責任地回答：我知道了，我會做我該做的事。因為自己的課題，本來就應該靠自己的能力解決。

在聖經裡，亞伯拉罕每次只要一聽到上帝的召喚，都會回答：「我在這裡（Hi-Ne-Ni）。」而其中有一個場景，是上帝為了測試亞伯拉罕，要他獻上他的兒子以撒，他毫不猶豫地就將兒子綁在祭壇上，手持利刃要拿他獻祭，天使則緊急從天上阻止了他（〈創世記〉第二十二章）。

但是，當上帝要摩西帶領以色列人出埃及，摩西卻回答：「我是什麼人，竟能去見法老，將以色列人從埃及領出來呢？」（〈出埃及記〉第三章）連偉大的先知摩西都會有猶豫的時刻，更何況是我們普通人呢？

我們有時還會因為在意自己的面子及自尊心、或害怕自尊受傷而不理會召喚；或者就算回應了，也會用各種各樣的理由或條件來逃避課題。而阿德勒則將這些用來逃避課題的藉口稱為「人生的謊言」。

寬容看待差異，他人也不必滿足我的期望

如果承認自己有權利不為滿足他人的期望而活，就必須承認他人也有相同的權利，不為滿足我們的期望而活。

就像我們在第二章提到的，當某人的行動在實質上對我們造成困擾時，我們有權尋求途徑要求他改善。之前我們一直沒有為此下過定義，這種對共同體造成實質困擾的行為，就叫做不適當的行為；但是，沒有對共同體造成困擾的行為，卻不一定就是適當的行為。

例如，不用功讀書只會給自己造成困擾，卻不會為其他人帶來實質的傷害；但不用功讀書稱不上不適當的行為，也不算適當的行為，只能說是「中

性的行為」。

然而，這種「中性的行為」卻經常被父母及老師貼上「問題行為」的標籤，像是不用功讀書、經常忘東忘西或染頭髮等等。對於不適當的行為，我們可以把它視為問題，也有要求改善的權利；但對於中性的行為，我們只能尊重本人的意志，未經允許就沒有權利干涉。我在護校教哲學的時候，經常看到學生因為染頭髮造成問題，原因是「不像護士」。但這樣的價值觀會因時代、文化，甚至是個人而有不同觀點，從阿德勒心理學的角度來看，什麼是正確、什麼是不正確，其實都是相對的。

確實，做為一個護士，染頭髮或許會對患者帶來實質上的困擾，但大部分的教官卻很少從理論面對學生說明染髮可能帶來的問題，只是強迫學生接受這種單方面的正義。當然，這並非指這樣的觀點是錯的，只是希望大家在遇到他人與自己的想法、觀點有出入時，可以抱持更寬容的心胸。

就算看不慣別人的行為及生活方式，那也是別人的課題，除非經過溝通變成共同的課題，否則我們沒有資格介入。或許有人會覺得這樣的想法太過冷漠，與傳統的觀念也不相容，但大部分人際關係上的問題，都是未經允許就介入他人課題所造成的。

真正的自立，也包括在能力不及時尋求協助

換個角度來思考，也就是除非關乎我們的生存，否則他人不會介入我們的生活。在傳統的社會中，即使只是心理上的困擾也會有人介入，但這裡則把所有介入都排除了，所以人們只能承擔起自己的責任獨立生活。

話雖如此，但我們不可能只靠自己的力量解決所有問題。就像克里斯坦森被自己的老師德瑞克斯鼓勵說不需要與眾不同之後，他也開始「學會像么兒一樣依靠別人」，這裡要注意的是，克里斯坦森用的是「依靠」而不是「依賴」。很多人都以為自立就是一個人解決所有問題，但這是錯誤的想法，真

正的自立是能力所及的事自己處理，但無法靠一己之力解決的事，就要尋求協助。

不要期待被體諒，而是要用語言直接表達

但是，如果自己什麼都不說，其他人是不會知道自己需要協助的。基本上我們應該自己解決自己的問題，當然我們如果拜託別人，別人也會幫助我們，但我們必須了解那完全是對方的善意，而不是義務。

這個意思是說，**我們不能期待別人察覺或體諒我們的情緒，如果我們什麼都沒說，就不會有人了解我們的想法。**沉默無法換來別人的幫助，如果我們需要求援，就要確實地用語言表達出來。

因此，如果有想表達的意見，就應該直接說出來。然而，我們在這方面卻有很多顧慮，甚至有排斥自我主張的傾向，因為東方文化認為不自我主張

才是美德。在這樣的社會背景之下，有許多人認為就算自己不說，別人也應該了解；或即使別人沒有提出請求，自己也該主動提出協助——他們認為這叫做「關心」及「體諒」。

很多人說是沒有「自我主張」，卻不是完全沒有主張，他們的態度、舉止、所製造的氛圍都強烈地表達了自己的主張，像是故意大聲地甩門、或用哭泣引起他人注意等（〈眼淚的力量！〉、《學校的個體心理學》、《自卑與超越》）。

再複雜一點，我們還可以藉由述說現今的情況，來要求對方、或拒絕對方的要求。像是「好熱啊」這句話，不只是敘述「很熱」這個狀況，還可能是暗示別人「打開冷氣」的意思，很多人認為這樣迂迴地請求別人才是有禮貌的做法。

問題是，如果他人不理解自己的要求，這場溝通最後可能會變得具有攻擊性，主張也變得更強烈；不然就是當場退讓了，事後卻產生怨恨。

作家会田雄二曾經指出，一個由「關心」與「體諒」組成的世界，如果運轉順利，就會成為一個最完美的世界；但一旦某個齒輪沒有銜接好，就會變成充滿憎惡與扭曲的混亂世界。他用了以下這個只靠「體諒」來維持家庭生活的故事做為舉例說明（《日本人的意識構造》，講談社）。

初夏的傍晚，婆婆從外面回來，媳婦一邊被孩子們纏著一邊準備晚飯。

「媳婦『心想』，婆婆說『我回來了』的聲音及模樣似乎十分疲憊，但今天的晚飯有點費工，希望她能幫忙看一下孩子。不過，看來婆婆可能會休息個三、四十分鐘吧！

婆婆『心想』，看媳婦的樣子似乎是希望她去幫忙，休息一會就去吧！

婆婆躺下來睡得正迷糊時，媳婦走進房間，輕輕替她蓋上毯子後離開。那可以說是一種體貼，也可以說是一種示威。婆婆很快就醒過來，發現媳婦替她蓋上了毯子，便默默帶著孩子們去公園玩了。

最後，媳婦能專心準備晚飯，丈夫、婆婆及孩子們也都剛好在晚飯完成時回家，他們只要說『我回來了；歡迎回家；辛苦了』這三句話就夠了。」

這是一切順利的狀況，當然也有不順利的時候。如果媳婦「心想」婆婆可以馬上幫她照顧孩子，結果婆婆卻跑去房間睡覺了呢？媳婦會把婆婆當成「惡婆婆」，故意邊煮飯邊大聲摔東西；婆婆也會開始不滿，「心想」自己本來休息一下就要去幫忙了，現在打死都不會去了。「關心」與「體諒」一旦發展得不順利，就有引發極大衝突的危險，因此十分不可靠。

無論是體諒或期待被體諒，都和隨意干涉他人事務一樣，只存在於縱向關係之中。那代表我們認為對方靠自己什麼都做不到，或至少認為他們不懂得怎麼依靠別人。

還有一位退休老教授的故事也可以做為例證。大學教授退休時，按照慣例會舉辦退休演講及紀念餐會，這位老教授退休時也是由助教幫他決定這些活動舉行的日期。

「教授，關於您這次的退休，我們想幫您舉辦退休演講及紀念餐會，請問您什麼時候方便呢？」

但老教授卻鄭重地拒絕了，「真的不用，不用為了我這麼大費周章。」

一般在這種時候，助教應該繼續勸說，表達非常想幫教授舉辦這些聚會，老教授才能順勢表示既然盛情難卻，那就麻煩對方了。但不知道是幸還是不幸，這個助教是從小在海外受教育的，聽到老教授鄭重拒絕了，就心想不要勉強對方，便聽話地真的什麼也沒辦了。最後，老教授就一個人孤獨地離開了大學。

日本將棋史上第一個達成七冠王的羽生善治，曾經在某次對局時坐在上座，因而引發軒然大波。雖然所有人都知道羽生善治的實力頂尖，但是在將棋界有一個慣例，就是年輕棋士在與前輩棋士對局時，不能坐在上座。

他們通常要經過以下這樣的應對——

年輕棋士：「前輩請上座。」

前輩棋士：「不不，你的實力比較強，我怎麼能坐上座。」

年輕棋士：「不不，還是請前輩上座。」

前輩棋士：「既然你這麼說，那我就不客氣了。」

接著後輩再將上座讓給前輩，這是一般的慣例。

然而，我認為誰都不能責備那位助教及羽生善治。老教授如果希望人家幫他舉辦退休演講及紀念餐會，就應該坦率地表示自己很高興，然後直接說出有空的日期才對。

人無法相互了解，所以更需要努力溝通

阿德勒認為，基本上誰都不可能了解另一個人，因此他十分強調語言溝通的重要性。同時他也認為，抱著「人是無法相互了解」的想法來彼此相處，要比假設「人是可以互相了解」來得安全多了[2]。

有一個「男人來自火星，女人來自金星」的寓言故事[3]是這樣說的：某天，男性透過望遠鏡發現了一位美麗女性的身影，他主動跑去向她表達了愛

慕，女性雖然意外，但仍然答應了他的邀約。經過幾次約會，他們發現彼此的思考及感受方式有很大的差異，雖然沒辦法立刻就接受，但他們知道彼此是異星人，這樣是很正常的，因此最後都互相接納了彼此的不同。

之後，男性覺得往來星際之間的約會很麻煩，於是想安定下來，便向女性求婚，兩人幸福洋溢地結婚之後就搬到地球上居住。

後來兩人的孩子出生了，這時他們之間的溝通開始出現問題。他們生了好幾個孩子，孩子們都是地球人，他們也漸漸開始覺得自己是地球人。之前即使發現彼此的思考及感受方式不同，也都會因為覺得彼此是異星人而互相體諒；一旦認為兩人都是地球人了，就會想著明明都是地球人，為什麼沒辦法有相同的思考及感受，因而完全無法接受。明明一開始什麼都不了解的時候，兩人都覺得理所當然，反而更努力想去了解彼此的不是嗎……

2　雖然人與人之間無法相互了解，但即使如此，仍然要「以他人之眼而見，以他人之耳而聽，以他人之心而感」（《個體心理學的實踐與理論》），追求這樣的「共通感」，才是阿德勒心理學的真諦。

3　這個故事引用自約翰．葛瑞（John Gray）所著的《男人來自火星，女人來自金星》（*Men Are from Mars, Women Are from Venus*）一書，但因為向別人介紹過太多次，小細節變得有些不同。

拋掉過去，每一天都是新的開始

之前說過，人是活在自己所定義的世界——這句話也可以換成「人是不斷地在創造世界」。

阿德勒曾經提過某人的一份早期回憶（《個體心理學的實踐與理論》）——

「有一天，母親帶著我和弟弟去市場，結果那天突然下雨了。當時母親手上本來抱的是我，後來看了弟弟一眼，就把我放下改抱起弟弟。」

就像前面提過的，當人提起過去的某段回憶，是他選出了與現在的生活型態一致的這份回憶，而不是過去的經驗決定了他現在的生活型態。

從這份早期回憶可以看出，這個人正處在「認為別人比自己更被愛」的認知之中。就像最初明明是自己被抱著，後來卻被拋下一樣，只要一有競爭對手出現，就認為自己不會被愛，即使現在看似被愛或被人喜歡，也無法輕易地相信對方，因此絕不會放過任何一個證明自己的愛情或友情難以順遂的徵兆。一旦發現那樣的徵兆，就會認為對方嘴巴上說喜歡自己，結果還不是和別人一樣。

從對方的角度來說，自己的好意屢屢被懷疑，心裡一定也不會好受，結果不是造成爭吵，就是心懷不滿地失望離去、或者將注意力轉移到別人身上。當這樣的情況發生，更會強化這個人認為自己「最後一定會被討厭、被拋棄，人人都是我的敵人」這樣的認知。

如果一開始就對這個人印象不佳，和對方往來時也抱著厭惡的心情，彼此的關係就只會一直維持在惡劣的狀況。早上一起床，腦子裡就會無意識地開始想著「真討厭，今天又要和那個人碰面」，明明什麼都還沒發生，就已經覺得厭惡了。一旦有這樣的想法，事情就會往糟糕的方向發展，就算最後沒有發生什麼不好的事，也會覺得這次只是例外，下次還是避不掉。

想要化解這樣的狀況，最好的方式就是將過去的一切拋諸腦後，試著將眼前這個人當成生平第一次見面。這很難做到，但如果想改變現狀，就要努力將對方當成此時此刻才初次見面的陌生人，這樣過去的種種就不會再影響自己。

一位心理諮商師曾對某個每次來都拚命抱怨婆婆的病人說：「記得，今天妳只能說這個星期發生的事，在這之前的事情都要當作不存在哦！」病人聽到時，猛然愣住了說不出話來。當諮商師給予病人這樣的思考角度，她的問題才真正往解決的方向前進了一大步。

如果不只是一星期，連昨天的事都能當成不存在，情況就會變成——沒錯，這個人很討厭，但今天他不一定會說出或做出同樣討厭的事，就當作今天才第一次見面吧！這麼一來，或許就會對這個人產生全新的看法。當我們可以拋棄過去，我們與那個人相處的時空才不會凝滯在最糟的地方，而會重新開始流動。今天的這段時間，也不再是昨天的重複及延長。

如果能將此時此刻當成全新的開始，就會產生許多新的發現；如果做不到，就一定會被過去所糾纏。

我的母親很年輕就不在了，在她過世之前，我和父親都沒有做過菜。後來經過嘗試，我發現做菜是一件很有趣的事，當時還在讀碩士班的我，就每天回家做好晚飯等父親回家，還買了好幾本料理書熱心地鑽研。

某天，我心血來潮挑戰了咖哩料理，還不是用咖哩塊，而是用平底鍋炒咖哩粉這樣的本格咖哩。我一邊注意不要燒焦、一邊細火慢熬，總共花了三個小時。父親回來後，我看著他吃了一口咖哩，緊張地等待他的評語。父親只說了一句話。

「以後不要再做了。」

這句話完全粉碎了我做料理的勇氣。事實上，在那之後好長一段時間，我都喪失了做飯的興趣。

十幾年之後的某日，我突然想到，父親那天的話或許並不是要打擊我的勇氣。因為我當時還在念碩士，而且之前母親因腦中風住院好一陣子，最後還過世了，我幾乎有半年沒去學校。父親當時說「以後不要再做了」，應該不是指「以後不要再做這麼難吃的料理」，而是「你還是學生，讀書才是最重要的，不要再花時間做這麼費工的料理了」。

我和父親從小就很少說話，我總是害怕他會批評我的一舉一動，因此當他說「以後不要再做了」，我第一時間就覺得自己被批評了。但是，當我後來重新解釋父親當時的話語，才第一次感覺到自己和父親的距離拉近了。其實我並不知道父親當時是不是那個意思，連他自己或許都忘了這件事吧！但對我來說，就算那不是事實也沒關係，因為我重新創造出來的這個能讓我與父親距離變近的世界，對我來說才有意義。

抱持「樂觀」主義，而不是「樂天」主義

有個故事是這樣說的：兩隻青蛙跳到了裝牛奶的水壺邊緣，一不小心掉了下去。其中一隻青蛙大叫，啊啊，完蛋了，我死定了！然後大聲哭泣，什

麼也不做，最後溺死了。

另外一隻青蛙雖然也掉了進去，但牠不放棄，想著至少要做些努力，就拚命踢著雙腿游泳，沒想到牛奶的表面竟然慢慢凝固，變成了牛油，牠就踏著凝固的牛油跳出了牛奶壺，重獲新生。

我們能做的也是這樣。無論發生什麼事，都要努力思考自己能做什麼。這不是樂天主義，所謂的樂天主義是不管發生什麼事，都認為沒問題、不會出現不好的結果、絕對不會失敗，除了自我感覺良好之外，什麼都沒做（《個體心理學的實踐與理論》）。我們要擁有的是樂觀主義，樂觀主義讓我們面對現實、接受現實，再從這裡開始出發。

例如，我們看見孩子的現況，知道這其中出了問題，即使如此也要正視眼前的現實，再從這裡出發，尋求解決之道，這就是樂觀主義，和樂天主義只想著「沒關係，反正船到橋頭自然直」卻什麼都不做是不一樣的。不過相比之下，更糟的是完全放棄的悲觀主義，完全缺乏面對現實的勇氣（《個體心理學的實踐與理論》），完全不做任何努力就絕望放棄。

阿德勒認為，如果一個人在任何狀況下都能保持樂天，他絕對是一個悲觀主義者（《兒童的人格教育》）。他在面對失敗時毫不吃驚，覺得一切早就注定了，看似樂天派，其實骨子裡根本就是悲觀主義者。

我們需要的既不是悲觀主義、也不是樂天主義，而是即使不知道事情能不能解決，也不要絕望放棄，盡力做自己能做的事——也就是樂觀主義。總之，只要盡力做自己能做的事，事態就會在該改變的時候改變。

阿德勒主張，我們必須向孩子們灌輸樂觀主義，但也要避免將這個世界說成是布滿粉紅色的夢想天地，或相反地用悲觀的言詞來描述它（《兒童的人格教育》）。阿爾弗雷德．法羅就曾說過，他在達郝集中營（Dachau）的時候，曾向營裡的人述說自己從阿德勒那裡聽來的兩隻青蛙的故事，讓身處絕望中的人們重燃希望，從而奮起努力。

或許問題並不會馬上解決，但也不會變得更加嚴重，不過這並非是指我們就不需要用認真的態度來面對。如果想要享受人生，就必須要抱持認真的態度，否則是快樂不起來的。就像玩撲克牌一樣，如果有人總是說「抱歉，剛才那個不算，重來」，就會失去玩撲克牌的樂趣；同樣的，如果有人每次輸牌就大發雷霆，這個遊戲也會變得很無聊。因此，我們必須認真看待人生的遊戲，但就算輸了也不會失去性命，所以也不需要看得太嚴重。

從做得到的事開始，就是改變世界的起步

有一部電影《辛德勒的名單》（*Schindler's List*），是取材自一位在二戰時期救了上千名波蘭猶太人的德國企業家奧斯卡．辛德勒的真實故事。辛德勒本身也是納粹黨員，他在猶太人遭受大屠殺期間，將他們召集到自己的工廠幹活，以此挽救他們的性命。被辛德勒拯救的猶太人叫做「辛德勒的猶太人」或「辛德勒的生還者」，記載工廠所雇用猶太人姓名的文件則被稱為「辛德

勒的名單」，只要被列在那張名單上，就代表逃過了被送往集中營的噩運，辛德勒用這個方法拯救了很多猶太人。而當中有一幕場景是，戰爭結束後辛德勒身邊只剩下一部車，他看著車子後悔地說，如果當時賣掉了車，說不定還能再救一、兩個人。

其中一名被辛德勒雇用、並得知他義舉的猶太人，用自己的金牙加工做了一個戒指，送給辛德勒做為感謝的禮物，戒指內部刻了猶太教聖經《塔木德》的一句教誨：「凡救人一命，即救了全世界。」[4]

不是全世界或全人類，在我們眼前的只有這個人而已。抽離與這個人的關係，去思考全人類這個抽象的概念，是沒有任何意義的。不必去想自己該為全人類做些什麼、要怎麼幫助全人類，只要在此時此刻，努力改變與眼前這個人的關係，就能成為改變全人類的其中一步。

有一個人在海邊不斷地撿起海星，將它丟回海裡（《心靈私房書：三十位新世紀生活導師的靈性修鍊觀》〔*Handbook for the Soul*〕）。這些海星是被海浪打上來的，等潮水退去就被留在沙灘上，如果放著不管，它們全都會被曬乾而死。有人看到這個人在撿海星，便對他說：「這個沙灘上有成千上萬的海星，根本沒辦法全都丟回海裡，因為數量太多了。像這樣的情況每個沙灘都有，你救不救不是都沒有太大差別嗎？」

那個人笑了，彎下腰再次撿起了一個海星丟回海裡，然後說：「但是，對（這個）海星來說卻有很大的差別。」

我們能做什麼？——這或許是一個非常質樸的問題，也並不偉大。

在美國，有一個人某天突發奇想，決定每天早上都對通過自家門前的車輛揮手打招呼。剛開始每個人都覺得他很奇怪，但是在早晨上班途中有人對自己揮手，其實是一件令人開心的事，到後來，竟然有越來越多人改變自己的開車路線特地經過這裡，就為了向這個被當成怪人的人揮手。

為什麼我會知道這件事呢？因為這個人的事蹟被全美的媒體報導，還被寫進了心理醫師傑若．詹波斯基（Gerald G. Jampolsky）的書裡，後來被譯成日文

4 奧地利神經學家、精神病學家，同時也是猶太人大屠殺倖存者的維克多・弗蘭克（Viktor Emil Frankl），曾在自己的回憶錄中引用這句話：「救了一個靈魂的人，就跟救了全世界一樣值得受到同等的尊敬。」

版《療癒的奇蹟》（*One Person Can Make a Difference*）。透過這本書，我知道了在陌生的美國國度，有一位男性每天都在家門口對路過的車輛揮手。

辛德勒所拯救的猶太人，相對於在納粹大屠殺中遇害的人數只能說是極少的一部分，但得知辛德勒善行的澳大利亞作家托馬斯・肯尼利（Thomas Keneally）將這項事蹟寫成了《辛德勒的方舟》（*Schindler's Ark*）一書，後來還獲得相當於日本芥川賞的英國布克獎。導演史蒂芬・史匹柏閱讀後深受震撼，決定有朝一日絕對要將它拍成電影。他當時剛剛拍完《外星人E.T.》，當別人問他何時要拍這個故事，他回答「還要十年」。在此之前，史蒂芬・史匹柏一直以身為猶太人為恥，他甚至為了消除自己鼻子所帶有的猶太人特徵，每晚用膠布貼住鼻子以改變形狀。直到他得知辛德勒的事蹟，才開始對自己的猶太人身分感到驕傲。

之後，史蒂芬・史匹柏終於開拍《辛德勒的名單》，當他在波蘭的克拉科夫猶太人區進行拍攝時，《時代》雜誌曾前往採訪並刊登了訪談內容。一名八十多歲的老先生讀完這篇報導後，將女兒及兒子叫回家中，花了兩天的時間告訴他們自己就是辛德勒名單中的一人，以及之前從未提過的集中營遭遇，而後在翌日過世。

《辛德勒的名單》後來榮獲奧斯卡金像獎，透過頒獎實況在全世界播放，據說當天有十億觀眾收看，就算是沒看過這部電影的人也都知道了它的由來，以及猶太人所走過的慘烈歷史。辛德勒的善行就這樣傳遞到世界各地，影響了無數人。

我從阿德勒身上學到的，不是政治標語，而是民主主義在實質上的重要性。過去，納粹就是在德國史上第一部實現民主制度的憲法——《威瑪憲法》（*Weimarer Verfassung*）之下合法誕生的，由此可知，民主主義也可以像這樣透過民主的程序而自取毀滅。那麼，我們要怎麼做才能再次避免這樣荒謬可笑的悲劇呢？

民主主義不過是一種程序，本身並沒有實質的意義，因此也可能出錯。

所謂的「共通感」，有可能是完全錯誤的。為了不讓民主主義自取毀滅，我們必須時時謹慎小心，不能強迫他人或無條件地接受外在環境所灌輸的論點，而是要仔細思考，自己做出正確的判斷，不然民主主義很可能就會變身為可怕的「暴民政治」（Ochlocracy）。

我們所做的每一件事，都會以某種形式影響到全體，這個影響會像池塘被丟入小石子後向外擴散的波紋一樣無遠弗屆。所以，如果我們可以在生命中思考自己能做些什麼，或許就會稍微改變什麼，當然也有可能什麼都不會改變。

就現今的情況來看，人類未來的發展或許不會太樂觀，但一個人的力量要比我們想像中的強大，我們要相信自己的能力，從做得到的事開始做起，也必須要有人開始。當我們開始去做自己能力所及的事，世界或許不會因此就一定發生改變，但如果我們選擇了阿德勒所提倡的生活方式，卻一定能改變我們的人生。

有人問阿德勒，在這麼多聽眾當中，有多少人理解了他所要傳達的訊息？他也許是指阿德勒的英文不容易讓人聽懂，或是阿德勒的演講內容讓人難以理解，甚至更有可能是說他所傳達的內容並非是聽眾想聽的。

而阿德勒這麼回答：

「只要有一個人理解了我要傳達的訊息，然後再傳達給其他人，我就心滿意足了。」

後記

不只是理論，更是「心的態度」

寫完這本書之後，我去芝加哥參加了阿德勒學派國際研討會，約有來自世界各地的兩百多人參與了這場盛會。這個國際研討會曾在一九二二年後因戰爭而暫時中斷，之後重啟舉辦至今，而我之所以參加這個會議，只能說是源自於一連串不可思議的命運。

在奧地利的維也納，有一位阿德勒學派學者名叫大衛・歐本海姆（David Oppenheim），他是阿德勒學校教育團體的成員，同時也在大學教授希臘語。在阿德勒於一九一一年退出佛洛伊德的維也納精神分析協會時，他也是和阿德勒一起離開的其中一人。根據受過歐本海姆教導的學生證實，他不只是教授希臘語而已，他的課程更實際體現了蘇格拉底及柏拉圖的哲學精神。

而後，納粹毒手伸進了維也納，身為猶太人的歐本海姆危在旦夕，朋友們都勸他逃走，但他卻認為自己沒有逃亡的理由，堅持留下，最後在集中營被迫害致死——就像前面提過的，阿德勒學說曾差點被奧許維茲所滅絕。

聽說此事時，我不由得想起蘇格拉底決定接受死刑判決（主因是蠱惑青年）而待在獄中，學生勸他逃亡海外卻遭到拒絕，最後他飲毒酒而亡的事。我和歐本海姆都教授希臘語、也都是哲學家，而我得知這位學者，是在剛開始研習阿德勒心理學的時候。那時我正困惑著該如何在希臘哲學與阿德勒心理學中找到安身立命之處，直到我得知了歐本海姆的生平，煩惱瞬間一掃而空，之後我就決定要盡力幫助、教導初次接觸阿德勒心理學的人們。

阿德勒的友人、也是作家的菲利斯・波多姆（Phyllis Bottome）曾說過，阿德勒認為自己所創始的心理學不只是理論，更是「心的態度」。埃爾文・林格（Erwin Ringel）博士在一九九〇年於義大利阿巴諾（Abano）舉辦的阿德勒學派國際研討會中，特別以歐本海姆的生平做了一次特別的演講，明言歐本海姆才是真正活在阿德勒心理學之中的「真阿德勒學者」。

教導阿德勒心理學說起來簡單，但對於理論與實踐必須緊密結合的這門學問來說，教導者就必須不斷地審視自己的生活方式，從另一個角度來看，可說是一項艱難的選擇。

本書之所以能問世，是因為 KK BESTSELLERS 出版社的總編輯請託我寫作阿德勒心理學的入門書。雖然他的邀約非常誠懇，但是要將涉及領域廣泛的阿德勒心理學濃縮至一本書之內，實在是不可能的任務。所以我只希望能盡力將這項學說的精髓傳達出來，而本著這樣的心情完成了此書。如果大家閱讀之後能在心靈上有所共鳴，對我來說就是最大的喜悅。

本書的完成，最要感謝的就是日本阿德勒心理學會前會長野田俊作老師，這十幾年來他所翻譯的眾多阿德勒著作，皆使我受益良多。

我也要對 KK BESTSELLERS 的總編輯寺口雅彥致上由衷的謝意，是他注意到了阿德勒心理學，還提供了出版的機會；在寫作過程中，他也仔細閱讀了我的原稿，並提出諸多建議。

還有其他許多人雖未列其名，但都在我執筆時曾給予我直接的協助、或特地從國外寫 E-mail 來鼓勵我，都讓我銘感在心。

參考文獻

■阿德勒著作

Ansbacher, Heinz L. and Ansbacher, Rowena R., eds. *The Individual Psychology of Alfred Adler. Systematic Presentation in Selections from his Writtings*. New York: Basic Books, 1956.

Studie über Minderwertigkeit von Organ. Frankfurt am Main, Fisher Taschenbuch Verlag, 1977 (Original: 1907).

The Neurotic Constitution: Outlines of a Comparative Individualistic Psychology and Psychotherapy. North Stratford: Ayer Company Publishers, 1998 (Original: 1926, Original in German: 1912).

Menschenkenntniss. Frankfurt am Main, Fisher Taschenbuch Verlag, 1973 (Original: 1927).

Understanding Human Nature. Translated by Colin Brett. Boston: Oneworld Publications, 1992 (Original: 1927).

Individualpsychologie in der Schule: Vorlesungen für Lehrer und Erzieher. Frankfurt am Main: Fischer Taschenbuch Verlag, 1973 (Original: 1929).

The Science of Living. Garden City, N.Y.: Doubleday, 1969 (Original: 1929).

Understanding Life (orig. *The Science of Living*). Edited by Colin Brett. Center city: Hazelden, 1998.

Problems of Neurosis: A Book of Case Histories. Edited by Philip Mairet. New York: Harper & Row, 1964 (Original 1929).

The Education of Children. South Bend: Gateway, 1970 (Original: 1930).

The Pattern of Life. Edited by Walter B. Wolfe. Chicago: Alfred Adler Institute of Chicago, Inc., 1982 (Original: 1930).

What Life Could Mean to You. Edited and tranlated by Colin Brett. Oxford: Oneworld Publications, 1992 (Original: 1931).

Der Sinn des Lebens. Frankfurt am Main: Fischer Taschenbuch Verlag, 1980 (Original: 1933).

Social Interest: Adler's key to the meaning of life. Edited by Colin Brett. Boston: Oneworld Publications, 1998 (Original: Social Interest: A Challenge to Mankind, 1938).

Superiority and Social Interest: A Collection of Later Writings. Edited by Heinz L. and Rowena R. Ansbacher. New York: W.W. Norton, 1979 (Original: 1964).

Co-operation Between the Sexes. Edited and translated by Heinz L. and Rowena R. Ansbacher. New York: W.W. Norton, 1982 (Original: 1978).

《人生意義的心理學》，高尾利数譯，東京，春秋社，一九八四年。
《人類知識的心理學》，高尾利数譯，東京，春秋社，一九八五年。
《個人心理學講義——生存的科學》，野田俊作監譯，岸見一郎譯，東京，一光社，一九九六年。
《兒童的人格教育》，岸見一郎譯，東京，一光社，一九九八年。

■阿德勒心理學相關文獻

Bottome, Phyllis. Alfred Adler: A Portrait from Life. New York: Vanguard, 1957.
Shulman, Bernard. *Essays in Schizophrenia.* Baltimore: The Williams & Wilkins Company, 1968.
Manaster, Guy ed., *Alfred Adler: As We Remember Him.* Chicago: North American Society of Adlerian Society, 1977.
Orgler, Hertha. *Alfred Adler, The Man and His Work.* New York: New American Library, 1963.
Dreikurs, Rudolf et al. *Logical Consequences: The New Approach to Discipline.* New York: A plume book, 1968.
Ellenberger, Henri F. *The Discovery of the Unconscious.* New York: Basic Books, 1970.
Rattner, Josef. *Alfred Adler.* Reinbek bei Hamburg: Rowohlt Taschenbuch Verlag, 1972.
Rattner, Josef. *Alfred Adler.* New York: Frederick Ungar Publishing Co., 1983.
Dinkmeyer, Don C. et al. *Adlerian Counseling and Psychotherapy.* Columbus: Merrill Company, 1987.
Shulman, Bernard and Mosak, Harold. *Manual for Life Style Assessment.* Municlem IN: Accelerated Development, 1988.
Dreikurs, Rudolf. *Fundamentals of Adlerian Psychology.* Chicago: Adler School of Professional Psychology, 1989.
Sicher, Lydia, *The Collected Works of Lydia Sicher: Adlerian Perspective.* Edited by Adele Davidson, Fort Bragg, Ca: QED Press, 1991.
Hoffman, Edward. *The Drive for Self: Alfred Adler and the founding of Individual Psychology.* Reading, Mass.: Addison Wesley, 1994.
Shulman, Bernard. *Essays in Schizophrenia.* Chicago: Adlerian School of Professional Psychology, 1994 (Original: 1968).
Schiferer, Ruediger et al. *Alfred Adler.eine Bildbiographie.* München: Ernst Reinhardt Verlag, 1995.
Nelsen, Jane, *Positive Discipline.* New York: Ballantine Books, 1996.
Grey, Loren. *Alfred Adler, The Forgotten Prophet.* Westport: Praeger Publishers, 1998.
野田俊作，《阿德勒心理學討論會》，大阪，星雲社，一九八九年。
野田俊作、萩昌子，《課堂復興》，大阪，創元社，一九八九年。
野田俊作，《阿德勒心理學討論會續集》，大阪，星雲社，一九九一年。
德瑞克斯，《阿德勒心理學基礎》，宮野栄譯，東京，一光社，一九九六年。

即使被討厭，也要自由地活下去
阿德勒的「勇氣」心理學

（初版書名：拋開過去，做你喜歡的自己：阿德勒的「勇氣」心理學）

作者　岸見一郎

封面設計　mollychang.cagw.
內頁設計　耶麗米工作室
特約編輯　一起來合作
行銷主任　汪家緯
總編輯　林淑雯
副總編輯　郭玢玢
社長　郭重興
發行人
出版總監　曾大福
出版者　方舟文化／遠足文化事業故份有限公司
發行　遠足文化事業股份有限公司
231 新北市新店區民權路108-2號9樓
電話：（02）2218-1417　傳真：（02）8667-1851
劃撥帳號：19504465　戶名：遠足文化事業股份有限公司
客服專線　0800-221-029
E-MAIL　service@bookrep.com.tw
網站　www.bookrep.com.tw
印製　通南彩印股份有限公司　電話：（02）2221-3532
法律顧問　華洋法律事務所　蘇文生律師

定價　330元
初版一刷　2015年4月
二版三刷　2022年4月

缺頁或裝訂錯誤請寄回本社更換。
歡迎團體訂購，另有優惠，請洽業務部（02）2218-1417 #1121、#1124

國家圖書館出版品預行編目（CIP）資料
即使被討厭，也要自由地活下去：阿德勒的「勇氣」心理學／岸見一郎作；楊詠婷譯.
-- 二版. -- 新北市：方舟文化，2019.10
208面；14.8×21公分. --（心靈方舟；4005）
譯自：アドラー心理学入門：よりよい人間関係のために
ISBN 978-986-97936-9-8（平裝）　1.精神分析 2.勇氣 3.人際關係　175.7　108017794